나를 기억하는 건 오직 시詩뿐이어서

신원석 평론집

나를 기억하는 건 오직 시詩뿐이어서

그림과책

| 저자의 말 |

 나는 평론가이기 이전에 그리고 시인이기 이전에 그저 시를 사랑하는 한 명의 독자였다. 출근하기 전에 매일 시집 세 권을 챙겨 들고, 일산 호수공원 벤치에 앉아 시를 읽었다. 모든 시가 다 이해되는 것도 아니었고, 많은 시들을 읽는다고 해서 내 마음에 쏙 드는 시를 더 많이 발견하게 되는 것도 아니었지만, 나에게 있어 시 읽기란 분명 거를 수 없는 나만의 거룩한 일과였다. 그러다 문득 좋은 시를 만나면 기껏 시집을 접고 혼자 코를 훌쩍거리거나 벅차오르는 감정을 주체하지 못하고 멍하니 하늘을 올려다 보는 것이 전부였지만, 그 감정들로부터 나는 슬픔이 얼마나 아름다운 것인지를 알게 되었다. 살아 있는 것들은 모두 아프고, 그 아픔을 온몸으로 껴안고 서 있는 시는 그래서 나에게는 종교다.
 사실 내가 시를 종교로 삼게 된 것은 그보다 훨씬 오래전의 일이었다. 어렸을 때 아버지가 사다 주신 동시집을 많이 읽었는데 그중 故박경종 시인의 「팔지 않는 기차표」는 사십 줄에 든 내 머릿속에도 여전히 또렷한 영상으로 남아 있다. 이북 가는 기차를 기다리며 창밖을 바라보는 할아버지와 그런 할아버지를 위해 팔지도 않는 기차표를 사러 매일 정거장을 찾는 어린 손자, 그리고 하염없이 내리는 눈의 이미지는 아마 어

린 나에게는 신神의 형상이었던 모양이다.

그렇게 아름다운 시를 읽으면서 나는 사람들의 가슴속에 시詩를 심어주고 싶었다. 좋은 시가 있으면 블로그나 SNS에 공유하고, 내가 아끼는 사람들에게는 일일이 카톡 대화창에 시를 옮기면서 내가 시를 읽고 느끼는 감정들을 함께하고 싶었다. 하지만 정작 주변에서는 '시는 너무 어렵다'거나 '시는 재미없다'는 반응이 대부분이었다. 점점 난해해지고 산문화 되어가는 현대시의 경향 때문이기도 하겠지만, 시는 작가가 빚어낸 예술의 결과물이라는 점에서 나는 쉬운 시가 무조건 좋다는 식의 평가에 동의하지 않는다. 독자를 만났을 때에만 생명력을 얻는 것이 시의 숙명이지만, 조금만 어려워도 금세 행간을 놓아버리는 일부 독자들로 인해 생명을 잃는 것 또한 시의 숙명이 되어가고 있으니까.

작년 평론 당선 소감에서 나는 '시를 아끼고 사랑하는 사람들을 위해' 글을 쓰고 싶다고 했지만 이제는 그 말을 다시 '시를 어려워하는 사람들을 위해'로 고쳐 쓴다. 나는 많은 이들의 가슴 속에 시를 심기를 주저하지 않을 것이다. 함께 시의 문을 열고 들어가 늘 그립지만 너무 멀어져버린 것들을, 온 마음으로 사랑했지만 온몸으로 품지 못해 떠나가버린 것들을 함께 바라볼 것이다. 한 편의 시 속에서 팔지 않는 기차표를 사러 가는 꼬마를 만나던 그 어린 날처럼 펑펑 쏟아지는 눈송이를 독자와 함께 맞으며 서 있을 것이다.

창밖으로 감들이 붉게 익어가는 모습을 보며 쓰기 시작한 글들이 꼬박 한 해를 지나 이렇게 한 권의 책으로 묶이게 되었다. 올해도 어김없이 자랑처럼 열매를 매달고 서 있는 감나무를 바라보고 있으면 나의 이

글들이 얼마나 미약했던가를 반성하지 않을 수 없다. 아무도 기억하지 못하는 나의 한 해를 고스란히 기억하고 있을 이 책 속 고마운 시詩들에게 이 졸고를 바친다.

 이제야 첫 걸음마를 뗀 초보 평론가에게 일말의 의심도 없이 귀한 옥고를 맡겨주신 시인님들과 출간에 힘써주신 그림과책 관계자 여러분께도 다시 한번 깊은 감사의 마음을 전한다. 골방에 틀어박혀 도대체 맨날 뭐하냐고 묻던 나의 지인들에게도 이 책이 좋은 대답이 되었으면 좋겠다.

2021년 10월

신원석

차 례

5 … 저자의 말

11 … 숨어 있던 '존재자들의 머리카락'을 찾아서
　　　-마경덕 시인의 시 세계를 중심으로

29 … 합일合一을 넘어 뻗쳐오르는, '굳센 가지'의 시詩
　　　-성경옥 시집, 『작은 자의 초상』

43 … 세계와의 뜨거운 교감交感으로 피워낸, '한 송이의 노루귀꽃'
　　　-최성곤 시집, 『노루귀를 만나는 날』

58 … 부조리한 생生의 바다를 비추는, '한 줄기 불빛'
　　　-손경준 시집, 『추호秋毫 없는 등대』

71 … 여전히 마음속에 살아 숨쉬는 내 삶의 버팀목, '아버지'
　　　-이윤주 시집, 『아버지의 사랑』

85 ··· 자연과 시간을 잇는, '투명한 시의 언어'
　　　 －김경희 시집, 『기억의 테이프』

98 ··· 봄, 여름, 가을, 겨울이 들려주는 '생生의 귓속말'
　　　 －곽안심 시집, 『인생은 총연습이 없다』

113 ··· 아름다운 부부의 여행길, '11월의 장미'로 피어난 시詩
　　　 －문쾌식 · 김난영 시집, 『11월의 장미』

127 ··· 생生을 통해 얻은, '철학적 달관達觀'
　　　 －황정환 시집, 『인생 별거 없더라』

138 ··· 울타리 안을 가득 채운, '현대적現代的 감성感性의 언어들'
　　　 －심재원 시조 시집, 『그대를 보지 못해도 나는 이미 봄이네』

숨어 있던 '존재자들의 머리카락'을 찾아서
– 마경덕 시인의 시 세계를 중심으로

우리는 매일을 살아간다. 집과 직장어서, 때로는 길 위에서 누구에게나 공평하게 주어진 스물네 시간을 보낸다. 적어도 죽음이 닥치기 전까지는 매일 아침 기상과 동시에 우리들에게는 또 다른 하루치의 세상이 주어진다. 내일은 이제껏 경험해 보지 못했던 최초의 사건들이 또 하루치만큼 줄지어 달려들 것이다.

그럼에도 불구하고 우리들에게 생은 지루하기 짝이 없다. 지금껏 우리가 한 번도 만나지 못한 내일이 버젓이 살아 있지만, 우리는 매번 '반복되는 일상'에 대해 깊이 회의한다. '지겹다'는 푸념이 공식처럼 따라붙는 것도 다반사. 이런 반복적 일상 속에서 우리들은 그저 '깨어진 뱃조각'이나 다름이 없다. 의미 없이 흘러가는 삶 속에 널브러진 채, 어디론가 막연히 부유하는 중이다.

시인이 우리와 다른 점이 있다면, 그것은 망망대해 위를 흐르는 시간을 불러 세우고 다짜고짜 말을 거는 능력일 것이다. 우리와 똑같이 세상 속을 부유하면서도, 더없이 막막한 세상의 깊이를 재고, 침몰하지 않기 위해 알맞은 부력을 기억하는 것. 그리하여 그것들을 우리 앞에 힘겹게 부려놓는, 여리지만 억센 시인의 손길에 있을 것이다. 그들의 축축한 손길에는 우리의 마음을 쓸며 지나가는 가볍지 않은 무게가 있고, 그 무게만큼 우리의 마음과 영혼에는 빛이 스며들게 된다. 그 빛의 반대편에서 그림자로 서 있는 존재. 그것이 바로 시인이며, 시가 발하는 빛의 원천이다.

마경덕 시인에게 시 쓰기란 생과 맞닿아 있는 사물들에게 한 걸음 다가가는 것으로 시작된다. 그리고는 한참을 응시하던 대상에게 숨겨왔던 말들을 건넨다. 시인과 눈 맞춤을 한 사물들은 제 안에 가두어 두었던 시간을 무장 해제하고, 다시 현재의 시간 속으로 그것을 흘려보낸다. 지금은 형체마저 희미해졌을 존재자들이 다시 두 팔과 두 다리를 저으며 거센 물살을 거슬러 오르는 순간이다.

마경덕 시인은 숨바꼭질을 잘하는 술래처럼, 여기저기 숨어 있는 존재자들의 머리카락을 여지없이 감지해 낸다. 제 몸을 들킨 존재자들은 자책할 시간도 없이 마법에 걸린 듯 줄지어 걸어 나와야 하는 것이다. 이렇듯 시인은 스스로 독자를 대신해 존재자들의 머리카락을 찾아 헤매는 술래로서 존재한다. 그로 인해 우리는 시인의 시를 읽으며, 그동안 시인이 건져 올린 시어들을 딛고 존재자가 숨어 있음 직한 곳을 찾아 함께 떠나게 되는 것이다. 덕분에 우리는 우리의 몸을 칭칭 휘감은 채 흘러가고 있는 현재의 바다에서 이미 흘러가 버렸거나 영원히 돌아올 수 없을 것만 같았던 시간의 낯선 역류들, 익숙한 듯 바라볼 수 있게 되는 것이다. 시인은 시어들을 이정표처럼 세워 두고, 우리를 안내한다. 그렇게 이정표를 따라가다 보면 우리는 문득 깨닫게 되는 것이다. 바닷속에 침몰하지 않기 위해 우리가 반드시 기억해야 하는 '적절한 삶의 부력'을, 시인이 그것을 이미 우리 발밑에 부려두고 떠났음을.

   2002년 8월 10일
   묵은 신발을 한 무더기 내다 버렸다

   일기를 쓰다 문득, 내가 신발을 버린 것이 아니라 신발이 나를 버렸다는 생각을 한다 학교와 병원으로 은행과 시장으로 화장실로, 신발은 맘먹은 대로 나를 끌고 다녔다 어디 한 번이라도 막막한 세상을 맨발로 건넌 적이 있었던가 어쩌면 나를 싣고 파도를 넘어 온 한 척의 배 과적過積으로 선체가 기울어버린, 선주船主인 나는 짐이었으므로,

   일기장에 다시 쓴다

   짐을 부려놓고 먼바다로 배들이 떠나갔다

                                                       -「신발論」 전문

아리스토텔레스는 『시학』에서 역사는 일어난 일, 즉 특수를 이야기하고 시는 일어날 듯한 일, 즉 보편을 이야기하기 때문에 시가 역사보다 더 가치 있다고 말한 바 있다. 시를 '특수'를 통해 '보편'을 이야기하는 작업이라고 한다면, 그것은 '구체적인 것'을 통해 '추상적인 것'을 드러내는 것이라 말할 수도 있을 것이다. 마경덕 시인은 시인만의 감식안鑑識眼과 직관력으로 웅크린 채 숨어 있던 보편자를 찾아 우리의 감각적인 체계의 틀 안에서 활짝 펼쳐 보인다.

일기처럼 시작되는 이 시는, 단순히 '묵은 신발을 한 무더기 내다 버리'는 것으로 입을 연다. 일상적인 경험 속에서 시인은 '내가 신발을 버린 것이 아니라 신발이 나를 버렸다는 생각'을 한다며 우리를 어리둥절하게 만든다. '신발이 나를 버렸다'는 이 아픈 고백은 일상 속에 가려져 있던 이면을 들추어내고, 우리를 '신발'의 존재자가 있는 세계로 이끈다.

쇼핑몰이나 시장, 혹은 길거리나 백화점에서 골라와 짧게는 몇 달, 길게는 몇 년 끌고 다니면 그만인 신발. 바쁜 출근길에 뒤축을 구겨 신다가도, 가끔 풀린 끈이나 묶어주면 그만일 이 신발을, 시인은 '나를 싣고 파도를 넘어온 한 척의 배'였다고 말한다. 이러한 주객전도의 발상을 통해 시인은 시간을 불러 세우고, 지나온 삶을 정면으로 응시한다. 열심히 달려왔으나, 한 번도 스스로 달려온 적이 없는 자신의 수동적인 삶을 더는 방관할 수 없는 것이다. '짐을 부려놓고 먼바다로' 떠나간 배들을 기억하면서 시인은 다시

성의 부레에 힘껏 공기를 불어 넣는다. 시인의 시 쓰기는 이렇듯 생어 매몰되지 않고자 하는 치열한 의식이며, '적절한 삶의 부력'을 회복하기 위한 맹렬한 자기 투쟁이다.

*더미(dummy)
센서가 달린 실험용 인형, 각종 자동차 충돌시험에서 운전자 대신 가상의 사고를 당한 뒤 예상 상해치를 알려주는 역할을 함. 자동차 한 대를 개발하기 위해 수많은 더미가 쓰러진다고 함

    차에 태우고 안전벨트를 매어 주네.
    낯익은 사내 웃으면서 손수 시동을 걸어주네. 참 친절도 해라.
    죽음이 이렇게 여유로울 수 있다니! 순간 끔찍한 공포를 잊고 말았네.
    다녀올게요. 무사히 잘 다녀올게요.
    옆자리엔 임신 중인 아내와 뒷좌석엔 어린 아들놈이 타고 있었네.
    문을 닫으며 사내가 또 웃었네. 무사할 거야. 별일 아니야.
    그 인자한 눈이 그렇게 말했네. 나는 널 낳은 아비야. 너에게 팔과 다리를 준 아비야.
    자그다치 네 몸값이 얼만지 아니?

그래요. 억대가 넘는 몸값을 알아요. 복제인간을 만드신 위대한 아버지.
내 가족의 갈비뼈는 아버지의 것과 비슷해요.
세상에서 가장 튼튼한 자동차 한 대를 위해 일가족을 거느린 아버지.
이젠 당신이 원하는 것을 알아요.
도무지 방어防禦를 모르는 제 이름은 더미*거든요.
아, 아버지 아무 걱정 마세요…….
이제 액셀을 밟고 벽을 향해 달려가면 되나요?
― 「더미 가족」 전문

우리는 어떻게 시 속에 숨어 있는 존재자들을 만나게 될까? 그것은 앞에서 언급한 바 있듯이 언뜻언뜻 던져 놓은 것처럼 보이지만 사실은 치밀하게 구성된 시인의 이정표들 덕분이다. (이 세상에 알 수 없는 시어들을 늘어놓고 길을 잃게 만드는 시들이 얼마나 많은가? 그로부터 영영 독자들의 손을 놓치고 미아가 된 시집들은 또한 얼마나 많은가?) 마경덕 시인이 독자들에게 다리를 놓는 방식은 이미지와 대화로 이루어진 장면, 응축과 긴장, 때로는 그사이를 뚫고 나오는 반어와 냉소이다. 그러한 이정표들을 잘 따라가면, 독자들 누구나 훌륭한 술래가 되어 여기저기 숨어 있던 존재들을 찾아낼 수 있는 것이다.
이 시에서 화자는 '더미'인 '딸'이다. 딸은 '도무지 방어防禦를 모르는', '억대가 넘는 몸값'의 소유자이다. 하지만 그녀는 '복제인간을 만드신 위대한 아버지'를 위해 '끔찍한 공포'를 잊고, '여유'롭게 '죽음'을 맞아야 한다는 것을 이미 알고 있다. 그래서 유언처럼 의미심장하게 묻는다. '이제 액셀을 밟고 벽을 향해 달려가면 되나요?' 이 당찬 물음이 당신의 마음을 아프게 파고든다면, 당신은 이정표를 따라 시인이 안내한 목적지까지 성공적으로 도달한 것이다.

움푹 파인 발자국이 골목을 걸어간다. 막 포장을 끝낸 질척한 골목을 오래전에 지나간, 발을 잃어버린 발자국. 딱딱한 콘크리트 발자국이 쉬지 않고 골목을 걸어간다. 구두가 운동화를 껴안고 큰 발이 작은 발을 업고 박성희 미용실, 월풀 빨래방, 현대 슈퍼를 돌아 나간다. 사라진 발을 기억하는 발자국들. 빈 발자국을 따라갔다. 어느 날, 찾아온 사랑은 나를 딛고 가버렸다. 버거운 영혼이 가벼운 영혼을 밟고 저벅저벅 앞만 보고 걸어가 버렸다.

누군가 길에 마음을 빠뜨리고 한참을 찾으러 오지 않는다. 골목은 발자국 흉터를 가지고 있다.
　　　　　　　　　　　　－「누군가 골목을 건너갔다」 전문

보들레르는 산문적인 시를 두고 '리듬도 각운도 없이 음악적'이며, '의식의 아픔에 대해서 부드럽게 또 강직하게 적응하는 기적'으로 표현한 바 있다. 보들레르의 견해가 아니더라도 시의 내용과 형식 사이의 유기적 결합은 좋은 시가 되기 위한 필수조건일 것이다. 그런 점에서 위 시의 산문적 형식은 '발'과 '발자국', '골목'과 '길'이라는 연속성과 질 맞아떨어진다. 줄글로 이어 쓴 행간 위에 발들이 놓여 있고, 죽 늘어선 시어들은 골목이 되고 길이 되어 준다. 이 시에서 '산문적'인 것들은 끝나지 않는 기다림, 영원히 지워지지 않을 것만 같은 흉터에 이르기까지 끊임없이 찍혀온 발자국의 시간을 환기한다. 지금도 여전히 과거와 현재 속을 오가고 있을 발들이 머릿속에 단단한 발자국을 찍으며 저벅저벅 지나다니고 있는 것만 같다.

  자 그럼 이제 발자국들을 가까이에서 들여다볼 차례이다. 요즘은 대부분 아스팔트로 길을 포장하지만, 예전에는 시멘트로 대충 바른 길들이 많았다. 시멘트가 마르기 전에 출입하는 것을 막기 위해 붉은 노끈으로 울타리를 쳐 놓기도 했었다. 일부러 마르지 않은 시멘트에 발 도장을 찍던 개구쟁이 녀석들, 그 위를 날쌔게 지나간 고양이들의 발자국이 화석처럼 남아 있기도 했다. 누가 누구를 좋아한다거나, 몇 년 몇 월 며칠에 누가 왔다 갔다거나 하는 손가락 낙서들이 새겨진 곳도 많았다. '골목'은 어느새 찾아보기 어려운 존재가 되었지만, 이 시는 '골목'에 관련된 기억을 불러일으키기에 충분하다. 돗자리 위에서 몸을 말리며 누워 있던 붉은 고추들의 뒤척임이나 가난한 집집마다 새어 나와서 한참을 서성거리던 한숨 소리 같은 것들.

우리에게 일반적으로 평면이라 인식되는 길은 이처럼 마르지 않은 시멘트 바닥 위를 걸었던 발자국들에 의해서 전혀 새로운 모습으로 태어난다. 길은 이제 더 이상 이차원의 형상이 아니다. 발자국과 함께하는 길은 시간으로 전환되고, 그 시간의 기억들은 다시 삼차원의 영상이 되어 우리의 머릿속을 떠돈다. '움푹 파인 발자국'들은 '발을 기억'한다. '마음을 빠뜨리고 한참을 찾으러 오지 않는' 누군가를 기다리며, 오늘도 '발자국'은 잃어버린 발의 힘으로 또 하루를 살아내는 중일 것이다. '흉터'는 날카로운 구언가를 돋 안에 들인 흔적이다. 마음 깊이 누군가를 들여본 적이 있는 시인은, 지금 이 순간 '발자국 흉터를 가'진 어느 '골목'을 기약 없이 걷고 있을지도 모른다.

끈을 놓치면 푸드덕 깃을 치며 날아간다.

배봉초등학교 운동회, 현수막이 걸린 교문 앞에서 깡마른 노인이 헬륨가스를 넣고 있다. 날개 접힌 납작한 풍선들. 들썩들썩, 순식간에 자루만큼 부풀어 오른다. 둥근 자루에 새의 영혼이 들어간다. 노인이 풍선 주둥이를 묶는다. 하나둘, 공중으로 떠오르는 새털처럼 가벼운 풍선들. 절정에 닿는 순간 팡, 허공에서 한 생애가 타버릴, 무채색의 가벼운 영혼이 끈에 묶여 파닥인다. 평생 바람으로 떠돌던 노인의 영혼도 낡은 가죽 부대에 담겨있다.

　함성이 왁자한 운동장, 공기주머니 빵빵한 오색풍선들, 첫 비행에 나선 수백 마리 새떼 하늘로 흩어진다. 뼈를 묻으러 공중으로 올라간다.

- 「날아라 풍선」 전문

　감춤으로써 오히려 더 뚜렷하게 드러내는 방식인 '알레고리Allegory'는 '무언가 다른 것을 말하기'의 의미를 지닌 그리스어 '알레고리아allegoria'를 어원으로 한다. 이것은 시인이 독자들에게 숨겨진 존재자들을 보여주는 또 다른 방식의 하나이다. 알레고리는 시 속에 등장하는 대상들을 특정한 부류의 집합으로 양분하고, 양극단의 한가운데에 서서 팽팽한 시적 긴장감과 균형을 유지하는 힘으로 작동하게 된다.
　이 시에서 '풍선'은 '푸드덕 깃을 치며 날아가'는 '새'로 변주된다. '순식간에 자루처럼 부풀어 오른' '무채색의 가벼운 영혼'은 '수백 마리 새떼'가 되어 '첫 비행'에 나선다. 아이들이 날려 보내는 풍선은, 교문 앞에서 '날개 접힌 납작한 풍선들'을 팔고 있는 '깡마른 노인'의 모습과 묘하게 대비를 이룬다. 본능처럼 약동하는 아이들의 무리와 이제는 삶을 다 알아버려서 더는 궁금할 것이 없어 보이는 노인. 그들이 만나는 '교문 앞'이 생의 먼 간극, 생의 양극단이 만나는 접점처럼 느껴지는 것도 그 때문이다. 하지만 이런 대비에도 불구하고, 모든 생은 '절정에 닿는 순간 팡' 하고 터져버 틸 파멸을 향해 비상한다. 생에 대한 이러한 비극적 인식은 간극의 츠월이면서 극단의 무화無化인 것이다.

만만한 밥, 씹기에 좋은
어머니, 나를 토해내셨지
난 소호-하기 힘든 밥이었네

모서리가 없는
굴리면 굴러가는 어머니
입이 없는 어머니
뜯어먹기 좋은 어머니
나 오랫동안 과식을 했네

나는 지상의 불온한 밥

콘돔러브호텔전화방사채업자노숙자일회용애인오팔팔
뺑소니차사기꾼소매치기원조교제인신매매퍽치기

불온한 밥으로 도시는 자라고
어머니 나를 먹고 시들었네

언젠가 내 무덤은 이렇게 말하겠지
오 이런,
이렇게 맛없고 질긴 밥은 첨이야.

— 「불온한 밥」 전문

　이 시에 등장하는 '불온한 밥'인 '나'는 자신이 '어머니'에게 '소화하기 힘든 밥'이었음을 고백한다. 하지만 그런 '나'에게 '어머니'는 늘 '만만한 밥'이다. '씹기에 좋은', '모서리가 없'어 '굴리면 굴러'간다. 심지어 어머니는 '입'도 없다. 입이란 우리 신체에서 욕망과 가장 밀접하게 맞닿아 있는 부분 중 하나일 것이다. '나'의 '어머니'뿐만이 아니라 우리들이 어머니는 모두 입이 없거나, 발달하지 않았다. '나를 먹고' 시들어가는 '어머니'와 '뜯어먹기 좋'게 차려진 '어머니'를 먹고 성장한 '나'는 일방적 관계임을 부정할 수 없다. '나'는 죽은 모체를 뜯어 먹으며 성장하는 어린 치어들을 닮아 있다. 그러나 '어머니'를 먹고 자란 것들은 '맛없고 질기'다. 온 세상에는 어머니를 잡아먹고 자란 '나'들이 세상을 활보하며 다닌다. '콘돔러브호텔전화방사채업자노숙자일회용애인오팔팔', '뺑소니차사기꾼소매치기원조교제인신매매퍽치기'. 이 모든 밥들은 어머니를 먹고 자란, 불온하기 짝이 없는 밥들이다. 하지만 아무리 '소화하기 힘든 밥'이었더라도, 자식의 존재는 분명 '어머니'를 살리는 또 하나의 힘이었을 것이다. 이 세상에 '불온한 밥'은 없다. '이렇게 맛없고 질긴 밥은 첨'이라고 나를 삼킨 '무덤'이 투덜댈지

타도.

    흉년 든 그해
    탱자처럼 노랗게 황달을 앓던 아버지
    눈 오는 아침, 재첩을 사러 간
    엄마는 오지 않고
    언니와 나는 쪽마루에 걸터앉아
    반 됫박 남은 호박씨를 까먹었다
    종일 포붓는 눈
    앞산의 눈썹이 지워지고
    봉창 여닫는 소리, 잦은 기침 소리
    뒤란 대밭 철퍼덕, 눈똥 누는 소리
    쌀가루 같은 눈이 내려
    가뭇없는 길
    휘청, 발을 헛디딘 대숲은
    한 무리 새떼를 날려 보냈다.
                               - 「그해 겨울」 전문

시에 있어서 '이미지image'는 더없이 중요한 개념이다. 시인은 화자를 둘러싼 바깥 세계를 관찰하고, 상상력을 통해 화자와 세계의 관계를 정립하게 되는데, 이러한 상상력의 기반에 이미지라는 것이 자리하고 있음은 두말할 나위가 없다. 데이 루이스는 한 개의 형용사나 '표면상으로는 순전히 묘사적인 어구나 구절'도 이미지를 만들어낼 수 있다고 말했으니 14행의 이 짧은 시 한 편은 '이미지로 쌓아 올린 거대한 집'이라 말해도 무방할 것 같다.

세상에 가난과 병처럼 끔찍한 것은 없을 것이다. 시인 서정주는 '가난이야 한낱 남루에 지나지 않는다.'(서정주, "무등을 보며", 현대공론 1954년 8월호)라고 말했지만, 또한 시인 조지훈은 병을 '휴식을 권하고 生생의 외경畏敬을 가르치'(조지훈, "병에게", 사상계 1968)는 존재로 인식하려는 노력을 보였지만, 하루하루 밥을 먹고 생계를 이어나가야 하는 범인들에게 가난과 병은 도무지 환영할 것이 못 된다.

'탱자처럼 노랗게 황달을 앓던 아버지'가 '봉창'을 '여닫'으며, '잦은 기침'을 토해내고 있다. '쌀가루 같은 눈'이 내리는 아침, '엄마'를 기다라며 '나'는 '언니'와 함께 '호박씨'를 까먹고 있다. '남은 호박씨'를 까먹으며 어린 두 소녀는 '앞산의 눈썹이 지워지'는 모습을 바라본다. '눈'이 내리는 막막한 세계를 흔드는, '철퍼덕, 눈똥 누는 소리'. 눈을 짊어진 채 '발을 헛디딘 대숲' 속에서 '한 무리 새떼'들이 날아오른다. '가뭇없는 길'을 떠나고 있다.

어린아이들에게 부모만큼 명징한 세계는 없다. 부모라는 울타리는 도토리 같은 꿈을 꾸며 성장하는 집이기도 하지만, 자칫 마구 꿈을 집어삼키는 비극의 세계가 되기도 한다. 시 속 어린 '나'와 '언니'는 '흉년'을 보낸 어느 겨울 아침, 쪽마루에 걸터앉아 있다. '황달을 앓던 아버지'의 노란 얼굴과 '퍼붓는 눈', '가뭇없'이 날아가는 '한 구리의 새떼'를 바라보고 있다. 들리는 것이라고는 '아버지'의 '봉창 여닫는 소리', '잦은 기침 소리', 그리고 '뒤란 대밭'에 '철퍼덕'하고 쌓인 눈 무더기가 떨어지는 소리뿐이다. 아이들은 허기를 달래기 위해 '호박씨'를 까먹고 있지만, '재첩을 사러 간/ 엄다'를 기다리느라 자신들이 '호박씨'를 까먹고 있다는 것조차 까먹었을지 모른다, 자칫 영영 어두워질지도 모르는 세계의 공포를 견디면서. '새떼'들은 '가뭇없는 길'을 떠나고 있고, 어린 두 자매는 호박씨를 까먹으며 여전히 정지해 있다.

지루한 생이다 뿌리를 버리고 다시 몸통만으로 일어서다니,

한자리에 붙박인 평생의 불운을
누가 밧줄로 묶는가

죽어도 나무는 나무
갈매기 한 마리 말뚝에 비린 주둥이를 닦는다

생전에
새들의 의자 노릇이나 하면서 살아온 내력이 전부였다

품어 기른 새들마저 허공의 것,
아무것도 묶어두지 못했다

떠나가는 뒤통수나 보면서 또 외발로 늙어갈 것이다
― 마경덕, 「나무말뚝」 전문

시인이 드러내 보인 존재자들의 근원을 거슬러 올라가면, 그곳에는 너른 품을 열고 흐르는 어머니의 강이 있을 것이다. 열 달 동안 품은 생명을 이 세상에 내놓을 때부터 이 세상의 모든 여성은 '어머니'라는 이름으로 살아간다. 그 험난한 생을 넘는 동안에도 우리들의 어머니들에게는 자식이 유일한 '정처定處'이며 '정처情處'이다.

시 속 '나무말뚝'의 '생'은 '지루'하다. 평생 줄기와 잎으로 물과 양분을 빨아들이던 '뿌리'를 버리고서도 죽을 수 없다. '다시 몸통만으로 일어서'서 '한자리에 붙박'여 있어야 한다. 죽어서도 생을 끝낼 수 없는 '나무'는 다시 누군가에 의해 '밧줄'에 묶인다. '갈매기'의 '비린 주둥이'를 닦거나 '새들의 의자 노릇'을 하며 살아온 '나무'는 '품어 기른 새들마저 허공'에 풀어주고는 누군가에 의해 '밧줄'에 묶여 다시 생을 이어간다. '말뚝'처럼 박혀서 '새들'의 '떠나가는 뒤통수'나 바라보면서, 생전에도 그랬듯이 '외발'로 서서 늙어가고만 있는 것이다.

아무것도 묶어두지 못하고 떠나는 것들을 바라보며 서 있는, 저 안쓰러운 '외발'은 누구의 것일까? 나무는 죽어도 나무여서, 뿌리를 버리고서도 스스로 말뚝이 되어 깊이 박혀 있다. 어머니는 죽어도 어머니여서, 영원히 자식을 단단히 붙들고 놓지 못하는 것이다.

시인이 창조한 리듬과 이미지는 독자에게 새로운 세계를 여는 문이 되고, 시인과 독자는 서로 들숨과 날숨을 주고받으며 함께 여행을 시작한다. 결국 '떠남'으로 시작한 여행은 '귀향'으로 끝나지만, 시 손에 초대된 독자들은 시를 읽는 동안만큼은 시인이 제시한 피안의 세계 속에서 살아가게 되는 것이다. 그런 점에서 시인의 말은 자신의 것이면서 타인의 것이기도 하다. 마경덕 시인은 순간을 포착하고, 시의 언어로써 우리에게 피안을 제시한다. 그럼으로써 독자들은 오히려 현재의 삶에서 우리가 잃어버려서는 안 되는 '적절한 부력'을 다시금 깨우치게 되는 것이다. 시인이 시 속에서 그려 보이는 피안의 세계는 궁극적으로는 차안의 세계와 맞닿아 있다. 시 속의 시간은 결코 과거에만 귀속된 것이 아니며, 항상 현존해 있으면서 제 모습을 드러낼 순간을 기다리며 잔뜩 웅크리고 있을 뿐이다.

하이데거는 고흐의 〈구두〉를 직면하는 순간 농민의 삶의 터전인 밭과 들, 습기를 머금은 대지가 떠올랐다고 한다. 뿐만 아니라 농부의 양식이 되었을 빵과 고단함 속에 녹아 있을 농부의 기쁨도 함께 맛보았다고 했다. 한 켤레의 허름한 구두가 아닌, 그 위에 꾸려지는 한 농부의 삶과 그 삶을 둘러싼 세계를 마주하였던 것이다. 마경덕 시인도 고흐와 크게 다르지 않다. 시인은 번뜩이는 직관으로부터 치밀하고 세심한 시어의 징검다리를 쌓으며 시를 전개해 나간다. 그러한 특유의 능력과 노력으로 완성된 시들은 존재자들을 비은폐성으로 이끌어내어 그것이 진정 어떤 존재인지를 독자들에게 마주하게 한다. 우리는 마경덕 시인의 시들을 읽으면서 마침내 시인이 시 안에 정립正立해 놓은 존재자의 진리를 읽게 될 것이다. 그러므로 시인의 시를 읽는 일은 우리의 삶에 작은 파문을 일으키는 일이며, 그 작은 파문은 다시 타성에 젖은 우리의 차안을 흔드는 거센 물결이 될 것이다.

합일合一을 넘어 뻗쳐오르는, '굳센 가지'의 시詩
– 성경옥 시집, 『작은 자의 초상』

예전에 삶의 무게에 짓눌려 살던 때, 떨어지는 낙엽을 보면서도 눈물을 흘린 적이 있었다. 이 세상에서 내가 제일 힘들고, 내가 가장 슬픈 존재처럼 느껴지던 그때에는 나를 둘러싼 이 세계가 마치 한 편의 지독한 비극을 위해 꾸며놓은 무대인 것만 같았다. 지금 생각하면 창피한 시절이지만, 돌이켜보면 그나마 가장 시적詩的이었던 시절이었다. 시인이 그려내는 시적 서정은 아무렇지도 않은 세계를 특별하게 읽어낼 수밖에 없는 시인의 민감한 감수성에 기인한다. 시인은 세계를 자아화하는 주체이면서, 철저히 세계에 의지해 일어서야 하는 객체이다. 늘 시인을 세계의 한복판에 버려두고 떠나버리는 시는, 그러나 시인이 다시 세계를 부여잡고 무릎을 곧추세우며 일어설 때까지 담장 뒤에 숨어 지켜보고 있는 존재이기도 하다.

성경옥 시인의 시 세계는 세계를 통해 자기를 일으켜 세우려는 치열하고 부단한 노력의 흔적이다. 시인은 민감하게 발달한 오감五 感을 통해 천천히 세계를 더듬고, 그것들에 감정을 투영投影하거나 투사投射하는 방식으로 세계와 관계를 맺어 나간다. 그러한 과정에서 객관적인 세계는 시적詩的인 세계로 탈바꿈하고, 시인의 눈빛이 머물던 사물들은 일제히 '시적인 것'으로 화化한다. 세계가 시인과 하나가 될 때 시인은 다시 살아갈 힘을 얻고, 그러한 힘은 독자를 향해 은은히 퍼져나가는 파동이 된다.

땅이 아닌 물 위에
뿌리를 내리고 살았는지 모른다

물속에 있으면서도
생의 뿌리부터 시들어가는 모습을
고스란히
내비치는 일

시를 쓴다는 것은
어쩌면 수경식물처럼
투명한 유리관 너머로
지나온 생의 뿌리들이 뒤엉켜 자라는 것을
여과 없이 비추는 일이었는지도 모른다

날마다 물을 갈아주어도
지독한 허기에
반쯤 흡수하고도
한 번도 꽃피운 적 없는
건너편 책상 위의 수경식물처럼

땅이 아닌 물 위에
뿌리를 내리고 살았는지 모른다.

- 「수경식물」 전문

이 시에서 '수경식물'은 시인의 외부 세계인 동시에 시인 내면의 거울이다. 물리적 세계에서 시인은 단순히 '수경식물'을 바라보고 있는 듯하지만, 정작 시인의 시선은 시를 쓰며 살아가는 자신의 생에 닿아 있기 때문이다. 땅이 아닌 '돌' 위에 뿌리를 내린 시인은 '생의 뿌리부터 시들어가는 모습'도, '지나온 생의 뿌리들이 뒤엉켜 자라는 것'도 고스란히 대중들에게 내비쳐야 하는 존재이다. 오늘도 '지독한 허기'로 물을 빨아들이는, 그러나 아직 '한 번도 꽃피운 적'이 없는 '수경식물'은 다름 아닌 치열하게 시를 써온 시인의 모습일 것이다. 시에 대한 꿈과 갈망, 그리고 좌절. 그것들로 얽힌 시인의 삶은 그래서 더욱 투명하다. '꽃'을 피우기 위해 지금도 온몸으로 '물'을 빨아들이고 있을 시인의 모습을 떠오른다. 시를 쓰며 살아가는 생은 스스로 시가 될 때까지 시 쓰기를 멈추지 않는다. 세계 속에서 자기를 발견하는 시인의 감수성은 앞으로도 자주 아파하는 자신을 마주하게 할 테지만, 그러한 고통은 오히려 시인에게 다시 시를 쓸 수 있는 뜨거운 힘으로 작용할 것이다.

이처럼 시 쓰기에는 시선을 피하지 않고 자신을 바라볼 수 있는 단단한 마음가짐이 필요하다. 그 과정에는 늘 성찰이라는 뼈아픈 자기 인식이 동반되기 때문이다. 하지만 시라는 여행은 지나온 삶을 맨발로 걸어감으로써 완성되는 것이기에 시인은 기꺼이 '나'에게 이르는 여정을 선택하는 것이다. 세상에서 가장 가깝고도 먼 그 길은, 시인에게 있어 숙명이므로.

내 안의 항아리
지나가는 구름에
지나가는 바람에
지나가는 세월에
지나가는 사람들에 의해
수시로 출렁거렸네
출렁거릴 때마다
채워지지 않는 공간의 넓이
덩달아 확인하곤 했지
무엇인가가 그것을 채울 수 있으리라는
누군가가 채워줄 수 있으리라는
헛된 희망만이 떠오르면

그 거품의 아픔
한 바가지씩 퍼 올려 버렸네
그 후론
빗줄기 간간이 내려도
조금만 바람이 불어도
때론 빨간 고추잠자리
날아와 앉아도
서둘러 뚜껑을 닫았네
한동안의 침묵
그 속에서
어느 날 나는 알았네
가을 하늘이 내 안에서 담가지고
세월이 익혀지고
어쩌면 내 안에 들어오는 것들이
때론 나를 아프고 힘들게 하여도
오래 머물렀던 것은
묵혀지고 익혀지며
맛을 낼 수도 있음을
뚜껑을 열자
고추잠자리 빼꼼히 머리를 내밀고 있었네

— 「항아리」 전문

성경옥 시인이 자신을 찾기 위해 준비한 것은 오랫동안 자기 안에 묻어 두었던 '항아리' 하나이다. '항아리'는 아래위가 좁고 배가 불러서 많은 것들을 담을 수 있지만, 안에 있는 것들을 비울 수 있는 배출구가 없다. 진흙을 빚어 만든 표면은 유약을 발라 반들반들 윤기가 흐리지만, 뚜껑을 열어보기 전에 그 안에 무엇이 들어 있는지 알 길이 없는, 참 난감한 것이기도 하다. '항아리' 위로는 '구름'들이 지나간다. '바람'과 '세월'이 스치듯 흘러가고, '사람들'이 오고 간다. 그럴 때마다 '항아리'는 출렁거리고, 출렁거릴 때마다 시인은 스스로 채우지 못한 빈 '공간'을 누군가가 채워주기를 기다린다. 이 시의 '항아리'는 시인의 민감하고 여린 내면을 구체화한 대상이며, 한편으로 그가 부딪쳐온 생 자체이다. 시인은 항아리 속에 가득 '희망'을 채워보지만, '희망'은 결국 좌절의 다른 이름이 아니던가. 시인은 항아리 위에 떠오른 '거품'을 퍼다 버리며 아픔을 견딘다. 서둘러 '뚜껑'을 닫아버리고, 울음이라도 한바탕 쏟아냈을 시인은 '한동안의 침묵' 속에 자신을 가두고 나서야 문득 깨닫는다. 항아리를 스쳐 간 모든 것들이 의미를, 고통과 아픔은 묵혀지고 익혀지면서 삶을 더욱 깊은 무엇으로 숙성시키고 있음을. 자기를 찾는 여행을 끝낸 시인은 마침내 꼭꼭 닫아두었던 생을 다시 열어 보인다. 빼꼼히 머리를 내밀고 있는 '고추잠자리'를 위해, 기꺼이.

生이 자꾸 얇아진다

자꾸만 얇아져
어느 순간 구멍이 날 것만 같다
그곳으로 빠져나가는 것들을
애잔한 눈빛으로
삶의 피곤함에 젖어
이 저녁 창가에 기대어
말없이 바라다보는 사람들이 있다
두고 온 것들을 나직이 불러본다
떠나온 사람들 얼굴이 시큰하다
가슴 딑바닥
낮은 소음으로 윙윙거리는
그리운 네 이름 하나
나직이 불러보려다 그만둔다
어디선가 바람 소리 들려온다
찬바람은 창밖에서만 부는 것이 아니리라
강물 소리는 강가에서만 들리는 것이 아니리라
이 저녁
스위치를 올리는 것을 잊어버린 채
오랫동안 창가에 서 있는 사람들
불 꺼진 창에는
아무도 없는 것이 아니다

무수한 그대가 서 있다

— 「창가에 서서」 전문

우리는 세상을 살면서 닳고 닳아간다. 이 세상은 무수한 고통이 깔린 가시밭. 태어날 때부터 예견되었던 '생자필멸生者必滅'의 운명이 아니고서라도 살면서 예상치 못한 사건에 우리의 생은 전복될 듯 출렁이고, 삶의 틈과 틈 사이를 파고드는 아픔들로 금방이라도 무너져내릴 듯 위태롭다. 시인의 '生' 또한 닳고 닳아서 이제는 '구멍'이 날 것만 같다. 닳아빠진 천 조각 같은 생은 '저녁 창가'에 앉아 그리운 것들을 그려 보는 것이 할 수 있는 전부다. 이제는 담고 쌓아두는 것 대신 비워야 하는 것이 많아진 생은 빠져나간 것들을 '말없이' 바라보거나 '나직이' 불러볼 뿐이다. 사람들이 사진을 바라보며 지난날들을 추억하듯이, 그리운 것들을 떠올리는 것은 생을 견디는 방법의 하나. '오랫동안 창가에 서 있는 사람들'은 시인과 유사한 방식으로 생을 견디고 있는 존재들일 것이다. 이제는 내면에 몰아치는 '바람'을 묵묵히 맞으며, 때론 아팠고 그래서 더욱 그리운 것들이 흘러가는 '강물 소리'를 마음속으로 듣는다. '불 꺼진 창'에서 불쑥 나타난 '그대'는 시인의 생을 크게 뒤흔들었거나 그래서 오히려 더욱 커다란 그리움으로 자리한 존재일 것이다. 시인에게 생을 견디는 힘은 존재를 추억함으로써 존재를 확인하는 일이다. '창가'에는 여전히 '그대'가, '무수한 그대'가 서 있다. 언젠가 '찬바람'이었던 그대. 그러나 언제나 내 안의 '강물'로 흐르고 있는 그대는, 얇아진 생을 만들고도 또 그 생을 질기게도 붙잡고 있는 '사랑'이다.

生이 자꾸 얇아진다
지난 여름내
잎들에 가리어
말없이 기다렸네

바람이 불 때마다
무성한 몸짓
그대에게 가 닿지 못한 고백들
그 한 잎 한 잎
공중을 헤맸네

여름이 가기 전
견디다 못한
시린 마음
땡감처럼
퍼렇게 멍들어 떨어지고

그대에게 가는 길은
무성한 말들의 잎을

떨구는 것

잎들 다 떨군
가지 위에서
말들 다 떨군
가지 위에서
바지랑 대어도 흔들리지 않고
홀로 남아
투명한 햇빛 아래
비로소 익어가는

사랑

-「감」 전문

    시인은 다시 '감나무'의 자리에 자신을 세워 본다. 객체로서 서 있던 감나무는 이제 주체가 되어 '그대'에 대한 사랑을 나직하게 읊조린다. 말없이 '그대'를 기다리던 '지난여름'과 '바람'이 불 때마다 '무성한 몸짓'으로 '그대'에게 가고 싶었던 순간들. 견디다 못해 떨어져, '퍼렇게' 멍든 '땡감'처럼 아파하던 때를 추억하며 감나무는 여전히 '그대'가 부재한 시간을 지키며 서 있다.
    성경옥 시인의 시가 독자의 마음을 파고들 수밖에 없는 이유는 대상과 주체의 거리를 소멸시키는 데에 그치지 않고, 시인 스스로

가 꿈꾸는 진정한 자기 존재와의 합일을 이루려는 끊임없는 지향과 내적 실천 의지를 보이는 데에 있다. '무성한 말들의 잎을 떨구는 것'만이 그대에게 가는 유일한 '길'이라고 말하는 시인의 육성이 마치 자기 암시를 위한 메시지처럼 들리는 것도 바로 그런 이유이다. 시인이 갈구하는 사랑하는 자의 모습은, '바지랑'을 밀어대도 흔들리지 않고, 비로소 익어가는 '감'을 품고 선 감나무의 모습이다. '잎들'을 다 떨구고, '말들'마저 다 떨구고 나서야 비로소 익어가는 '사랑'을 품을 수 있다. 퍼렇게 멍들었던 감이 오랜 세월을 건너 붉게 익어가는 과정은 사랑이라는 것이 결국 아픔과 상처가 번져야 물들 수 있는 것이라는 시인의 성숙된 인식의 반영인 동시에, 그것을 몸소 실천해내려는 시인 자신의 형상이다. 이처럼 성경옥 시인은 대상과의 거리를 무화武火시키면서도 합일 너머의 또 다른 합일을 끊임없이 지향한다.

평지처럼 보였던 운동장이
비가 오면 웅덩이를 만드네

매일매일 아이들의 발길질에도
아랑곳하지 않고
넉넉하게 받아주는 듯했는데

늦도록 남아 반성문 쓰던 아이

친구도 없이 혼자 터벅터벅 걷던 아이
엄마 없는 텅 빈 집으로 가는 아이
가기 싫은 학원으로 가던 아이
말은 안 해도
아이들 가슴속에 쌓아둔 무게에
조금씩 무너지며

누군가 고개 떨구며 흘린 눈물
함께 가슴 아파하며
저렇게 속으로 파였구나

차마 운동장을 가로지르지 못하고
모두 돌아서 교실을 향하네

오늘은 운동장이 혼자 울고 있는 날
― 「비 오는 운동장」 전문

 고재종의 수필 「감탄과 연민」에는 작가로부터 금낭화에 얽힌 슬픈 전설을 전해 듣고, 이내 눈시울이 젖어 드는 한 친구가 등장한다. 작가는 그 친구의 모습으로부터 '연민'을 읽어내고, 연민이야말로 '인간 본질에 대한 따뜻한 이해'이며 '그래서 연민의 자리는 신의 숨결이 닿는 자리'라고 말한 바 있다. 앞에서 언급한 바 있듯이 좋은 시를 쓰기 위해서는 먼저 시가 되어야 한다. 시가 되기 위하 꼭 지니고 있어야 하는 '연민'의 감정들이 성경옥 시인의 시편들에서는 다수 발견된다.

  삶의 무게는 비단 어른들만의 것이 아니다. 시인이 학교 운동장을 오가는 아이들의 모습에서 '가슴속에 쌓아둔 무게'를 측량할 수 있는 이유는, 모든 존재들을 자기와 같이 바라보려는 시인의 평등한 시선과 여린 존재들에 대한 시인의 뜨거운 연민 때문이다. 평지처럼 보이지만 '비'가 오면 커다란 웅덩이를 만드는 '운동장', 오늘은 운동장이 '혼자 울고 있는 날'이다. 세상의 울음을 담는 시인의 마음에는 또 얼마나 큰 운동장이 있을까. 아픈 존재들에게 또 오늘 하루 시인은 얼마나 많은 자리에 '신의 숨결'을 불어넣었을까.

    열 손가락 발가락 가지고
    온전하게 이 땅에 태어나
    바람이 무엇인지
    꽃이 피어나는 몸짓이 무엇인지
    무엇보다도
    산다는 것이 무엇인지
    온몸으로 부딪쳐
    시로
    다시 태어나길 바라며

- 「산통」 부분

 성경옥 시인의 시집 『작은 자의 초상』을 읽으면서 시라는 것이, 온 힘을 다해 줄기를 찢고 나오는 여린 꽃잎 같다는 생각을 했다. 기꺼이 자신을 태워 스스로 솟구치는 화염火焰이 되기를 자처自處하는 일. 분명 성경옥 시인의 시 쓰기는 그러했을 것이다.
 여기, 시인이 '기억'으로 잉태한 시들이 있다. 계속되는 '헛구역질' 속에서도 시인이 아직 세상에 내놓지 못했던 시들. 이 시집이 많은 독자의 손에 닿기를 바란다. 시가 독자를 만나는 그 순간, 시인은 마침내 아름다운 '산통'을 느끼면서 시詩로 다시 태어날 것이기 때문이다.

세계와의 뜨거운 교감交感으로 피워낸, '한 송이의 노루귀꽃'
– 최성곤 시집, 『노루귀를 만나는 날』

그리스·로마 시대에는 서사시, 극시, 디튀람보스라는 3대 문학 장르가 존재했다고 한다(아리스토텔레스의 『시학』). 우리가 '시詩'라고 부르는 문학의 장르는 그중 '디튀람보스'에 뿌리를 두고 있는데, 서정시의 기원이 된 '디튀람보스'는 원래 신에게 바치는 노래를 의미하는 것이었다고 한다. 시를 쓰는 일이 애초에 신을 위해 노래한 것이었다면, 결국 이 세상의 모든 시라는 것이 신에게 좀 더 다가가기 위한 인간의 발자취와 다름없다는 생각이 든다. 시인이라는 존재는 무속인과 유사해서 우리를 둘러싸고 있는 세계의 소리(평범한 사람들은 잘 들을 수 없는)를 듣고, 그 속에 깃들어 있는 신의 목소리를 대신 들려주는 존재이기도 한 것이다. 비약적으로 발전한 문명의 세계 속에서도, 우리가 귀 기울여 들을 수밖에 없는 신의 목소리란 그런 점에서 시를 쓰는 시인의 '시심詩心'이라 말할 수 있을 것이다. 최성곤 시인은 우리를 둘러싼 세계와 사물들을 객체로서가 아닌, 함께 공존하는 주체로 인식한다. 자연의 변화에 민감하게 반응하면서도 자연의 호흡을 따라 숨 쉬는 시인은 때로는 꽃의 목소리로 때로는 계절의 목소리로 우리들에게 신의 이야기를 대신 전해준다.

세상이 이럴 것이라는
무언의 계시 같은
빠져나갈 틈 하나 없이
눈에 보이는
온 사위가 거미줄 같다

한 발 헛디뎌
잘못 밟기라도 하면
미동도 없던 거미가
갑자기 나타나 위협하는
거미줄에 묶인 삶

그러나 여기도
아주 편하게 드나드는
것들이 있더라
바람이 그랬고
빛과 소리도 그렇더라

― 「거미줄」 전문

 '거미줄'을 마주친 화자는 문득, '세상'도 거미줄이라는 생각에 빠진다. 한 번 걸리면 빠져나갈 '틈' 하나 없는 거미줄은, 실수를 허용하지 않는 냉정한 세계인 동시에 거대한 거미가 언제 달려들지 모르는 '위협'의 세계이다. 하지만 시인의 시적 상상력은 자연물을 통해 세계의 모습을 발견하는 것에 머무르지 않는다. 거미줄보다도 더 끈끈하게 시인이 붙들고 있는 것은, 삶을 동꽁 묶어버릴 것만 같은 거미줄도, 미동도 없다가 순식간에 달려들 것만 같은 무시무시한 거미도 아닌, 거미줄을 관통하는 '바람'과 '빛'과 '소리', 그것들의 편안함이다.
 시의 본질이 세계를 자아화하는 것인 만큼, 자연물을 통해 세계를 읽어내는 것은 시인으로서 지극히 당연한 작업이다. 하지만, 시가 삶의 본질까지 나아가는 데에는 세계에 대한 섬세한 관찰과 그를 통해 삶을 읽어내는 시인의 감식안鑑識眼이 필요하다. 최성곤 시인이 들려주는 신의 목소리는, 거미줄을 너무나 자연스럽게 드나드는 바람의 감촉과 투명한 빛, 그리고 이 세상 모든 소리들이다. 삶의 진실이 드러나는 순간을 포착해 생生의 비밀을 들려주는 시인의 이러한 목소리에는 오랜 세월 동안 세계와 교감해 온, 생활화된 습관이 묻어 있다.

 한 무리 갈매기들

바닷가 백사장을 수 놓은
수많은 발자국

하늘길이
더 익숙한 그들은
땅은 쉬는 곳이다

날지 못하는 나도 땅에서
먹을 것을 얻고 있고
땅에 기대어 쉬다가
땅의 것으로 갈 것이다

사방으로 흩어진
그들의 발자국처럼
내 발자국도
어지럽게 시간을 훔쳤을 것이다

발자국만큼은 내 것인 줄 알았는데
바닷물이 한 번 왔다 가면
언제나처럼 고운 모래만 남고
이전 시간의 흔적은
모두 지워져 버렸다

그렇더라도
갈매기도
나도
또다시 이곳에
발자국을 남길 것이다

– 「걸음이란」 전문

하늘을 누비던 갈매기 떼가 해변에 내려앉아 쉬고 있다. 공간적으로 분리되어 있던 시인과 갈매기들이 하나의 세계로 묶이는 순간이다. 갈매기들에게 쉬는 곳인 '땅'은 시인에게는 치열하게 생계를 이어 나가야 하는 삶의 현장이거나, 파도와 새떼들을 바라보며 잠시 숨을 고를 수 있는 쉼의 공간이지만, 결국 죽음이라는 숙명을 맞고 돌아가야 할 모든 존재들의 본원本原이기도 하다. 새들의 발자국을 보면서 시인은 어지럽게 '시간'을 훔쳤던 삶에 대한 성찰로 나아가고, 밀려온 바닷물에 사라지는 발자국으로부터 언젠가 모두 지워져 버릴 시간에 대해 생각한다. 생에 대한 시인의 이런 인식이 감상적으로 빠지지 않는 것은 삶의 근원적 슬픔을 삶의 본질로 받아들이는 시인의 담담한 태도에 있다. '그렇더라도/ 갈매기도/ 나도/ 또다시 이곳에/ 발자국을 남길 것'이라는 선언은 살아 있는 일체의 것들을 움직이게 하는 생의 힘, 그것으로 다시 또 한 생을 살아낼 시인의 뜨거운 외침이다.

이른 봄날
물오른 빈 가지에는
당장이라도 터질듯한 움들과
성급한 새들의 소란함에도
포근한 봄은 아주 멀리 있었다
가쁜 숨을 내려놓고
고개를 돌리는 순간
작은 비탈에 소담한 꽃송이들이
무리 지어 피어 있었다
노루귀꽃들이다
오늘 만나리라는 기대나
내가 얼마나 보고 싶었다는 속마음을
내보이지도 않았는데
진분홍 꽃잎이 비탈 바람에
흔들리고 있었다
이 시간대에는
언제나 이 자리에서 꽃을 피웠겠지
모든 것을 잊어버리고 나서야
너의 존재와 만나는 모순을
어떻게 받아들일지 모르지만
더 잊어버리고

더 내려놓는다면
기억 저편에 피어나는
너를 또 만날 수 있겠지

            – 「노루귀를 만나던 날」 전문

  시인의 시선은 당장이라도 움을 틔울 것만 같은 '가지'와 성급하게 소란을 피는 '새들'에게 가 있는 듯하지만, 사실 시인의 인식은 그것들과 아주 멀리 떨어져 있는 '봄'에 맞닿아 있다. 욕망과 현실의 거리가 생각보다 아득함을 이미 알고 있는 시인에게 우연히 만난 '노루귀꽃'은 예상치 못하게 만나게 된 아름다움과 생명의 표상이면서, 신의 목소리를 들려주는 또 한 조각의 세계로 다가온다. 만나리라는 '기대'나 보고 싶었다는 '속마음'을 내비친 적도 없었는데, 우연히 마주친 노루귀꽃. 해마다 늘 같은 자리에서 피고 졌을 꽃의 성을 떠올리며 시인은 문득 '모든 것을 잊어버리고 나서야' 이루어지는 욕망의 모순을 깨닫는다. '노루귀를 만나던 날'은 단순히 이른 봄, 꽃 한 송이를 만난 날이 아니라, 시인이 꽃 한 송이를 통해 신의 목소리를 받아적게 된 날일 것이다. 결국 '더 잊어버리고／더 내려놓는' 일이 욕망과 현실의 아득한 거리를 좁힐 수 있는 길임을, 그것이 '기억 저편'에 피어나는 '너'를 만나는 길임을 시인은 마음 속으로 아로새기고 있었을 것이다.

  최성곤 시인이 세계를 자기화하는 방식은 내면과의 관계를 맺는 일로부터 시작하는데, 때로는 우리의 일상적인 현실과 관계를 지음으로써 우리가 너무나 당연하게 인식하고 있는 세계를 전혀 부당한 어떤 것으로 전복시키기도 한다.

철 지난 바닷가는
갈매기들이 파도를 타듯이
하늘을 날고 있고

사람의 것들과 자연의 것들이
뒤섞여 거대한 쓰레기장이
되어버린 백사장에

성난 파도는 더는 못 참겠는지
뒤틀린 속을 끊임없이
비워내며 으르렁거린다

사람이 버린 것이 어디
플라스틱병만 있을까
애끓는 속은 또 얼마나 버렸을까

말이 없는 바다는
세상의 모든 것을 묵묵히
받아들이기만 한다고 생각했는데

오늘 바다는 내가 오기를
기다리고 있듯이 토사물만
바닷가에 가득 쏟아 놓았다

　　　　　　　－「백사장에서」전문

　실연의 상처를 달래거나 울적한 마음을 달래기 위해 바다만 한 곳은 없다. 바다는 늘 같은 자리에서 우리를 기다려주던 존재였다. 하지만 이 시 속의 바다는 '사람의 것'과 '자연의 것'이 뒤섞여 있는 위태로운 공간으로, 인간이 마구 버린 쓰레기들을 토해내며 '으르렁'거리는 아픈 짐승의 모습을 하고 있다. '내'가 오기만을 기다리다가 결국 바닷가 가득 '토사물'만 쏟아 놓는 바다는, 우리가 알고 있는 바다의 모습을 죄없이 병들어가는 또 하나의 생물로 치환하면서, 우리로 하여금 환경에 대한 경각심을 일깨운다. 언제 어디서나 푸른 얼굴로 우리를 기다려주던 바다가 인간의 이기利리심 앞에서 몸을 뒤틀며 아파하고 있는 모습이 잔상으로 남는다.

만약 내가 미시微視세계인
세포로 여행을 갈 수 있다면
세포가 참과 거짓을 구분해서
복제하는 것을 볼 수 있을까

세포가 한 달 남짓 살고 나면
새로운 세포를 복제해야 하는데
참인 나를 복제할까, 아니면
거짓인 나도 복제를 하는 걸까

복제가 늘 똑바로 진행된다면
암세포는 태어나지 않았겠지
따라서 몸도 모르는 사이
참과 거짓은 함께 복제되는 것이고

참과 거짓의 기준이 모호해서
조작된 정의로 몸을 유혹하면
기준점을 모르는 세포는
몸의 반응에만 따를 수밖에

내 몸의 판단을 내가 모르고
세상의 판단도 세상이 모르니
몸이 나의 뜻과는 달리 아파야
내가 알 듯 세상도 그럴 모양이다

─「참과 거짓」 전문

최성곤 시인의 시적 상상력은 삶의 좁은 틈을 비집고 들어갈 수 있는 힘으로 작동한다. 시「참과 거짓」에서 화자는 '세포'로의 여행을 떠난다. 이는 미시적微視的인 세계로의 편입을 통해 더 확장된 세계로 나아가는 장치가 되는데, 시인은 스스로 세포가 되어 세포가 복제되는 원리를 우리의 일상에 유추 적용한다. '몸도 모르는 사이'에 참과 거짓이 함께 복제되어 태어나는 '암세포'처럼 참과 거짓의 혼돈 속에 살아가는 우리들의 삶 속 모순을 날카로운 사유로 파헤치고 있는 것이다. '내 몸의 판단'조차 모르는 '나'와 '세상의 판단'조차 모르는 '세상'은, 아픔 속에 놓일 때에야 비로소 우리 스스로를 진단할 수 있을 것이라고 말하는 시인의 목소리는 전염병처럼 창궐하는 우리 사회의 거짓과 그로 인한 사회적 고통을 여행 모티프라는 신선한 방식을 통해 드러내고 있다.

삶이 유리창처럼
그 속이 깨끗이 보인다면

순간순간 행동이
그대로 다 드러난 생이라면

빛을 따르는 삶이지만
사람은 입에 올린다
맑은 물에는 물고기가 없다며

세상은 깨끗한 물이 흘러가는 것보다
그 속을 도무지 알 수 없는
탁류 속을 더 좋아한다

감추고 싶은 것이 있는 사람과
지나온 흔적을 지우고 싶은 사람이

아무것도 보이지 않는
흙탕물이 더 편하다고 그런다

하늘 우러러 한 점 부끄럼 없이
살고 싶었던 옛 시인이 보고 싶다

– 「탁류濁流」 전문

　우리의 일반적인 통념을 비트는 시인의 독특한 관점은 시 「탁류濁流」에서도 드러난다. 속이 깨끗이 들여다보이는 생을 '빛'으로 여기는 시인은 먼저 '맑은 물에는 물고기가 없다'는 속담부터가 잘못되었음을 꼬집으면서, '깨끗한 물'이 아닌 '탁류' 속을 더 좋아하는 세태에 대해 비판한다. '탁류'는 타락한 우리 사회, 부끄러움조차 없는 이 부끄러운 시대의 상징이다. '하늘 우러러 한 점 부끄럼 없이/ 살고 싶었던 옛 시인이 보고 싶다'는 독백은, 담담한 듯 느껴지면서도 한편 잔뜩 날이 선 것처럼 들려온다. 이는 이 짧은

고백이, 부끄러움마저 '흙탕물' 속에 가라앉아 버린 우리 시대에
더한 통탄에 기인한 것이기 때문이다.

간절한 무엇이 있을 때
그럴 때
줄을 서는 줄 알았는데

배가 고파서
한 끼 식사를 위해
노인들이 줄을 서서 기다린다

끝이 보이지 않는 긴 줄
한낮의 이 한 끼가
어른들의 하루 식사는 아닐까

12월 찬 바람
오롯이 맞는
분주한 밥숟가락 위에

간절하게
더 간절한 나의 기도를
숟가락 위에 놓아 드린다

– 「빨간 밥차」 전문

　최성곤 시인의 교감 능력은 비단 자연물에만 머물지 않는다. 시인은 한 끼의 식사를 타기 위해 '줄'을 선 '노인'들의 모습을 바라보며 그들의 외로운 하루를 상상하기도 하고, 그들에 대한 기도를 잘 발라낸 생선처럼 노인들의 밥숟가락 위에 얹어 놓기도 한다.
　최성곤 시인은 교감이 대가이다. 때로는 '겨울 적막寂寞'과 하나가 될 때까지 '쌓여있는 낙엽 더미'에 앉아 있기도 하고(「적막寂寞」), '슬렁슬렁' 살아가면서 '오십 중반'은 그래도 된다도, 앞으로는 '힘' 빼고 살겠다 말하기도 하며(「슬렁슬렁」), 고개를 끄덕거리며 '풀벌레의 소리'를 읽어내기도 한다(「끄덕끄덕」). '줄다리기'하는 사람들을 보며 중용中湧의 자세를 떠올리고(「공존의 시간」), 용도가 달라진 '다듬잇돌'을 보면서, 다음 세대에 대한 기대를 드러내기도 한다(「다듬잇돌」).

　그의 두 번째 시집 『노루귀를 만나는 날』은 시인이 들려주는 자연의 이야기이다. 아주 작은 풀벌레 소리도, 떨어지는 꽃잎이 몸을 뒤트는 소리도 들을 수 있는, 시인의 민감한 귀는 삶과 세계에 대해 늘 깊이 사색하는 시인의 시정詩情이 있기에 가능한 것이다. 이 한 권의 시집을 통해 세상의 지류를 타고 흐르면서도, 연신 삶에 대한 사랑을 노래하는 시인의 깊고도 뜨거운 마음을 만나보길 바란다. 독자들은 예상치도 못한 곳에서 아름다운 '노루귀꽃 한 송이'를 만나게 될 것이다.

부조리한 생生의 바다를 비추는, '한 줄기 불빛'
– 손경준 시집, 『추호秋毫 없는 등대』

카뮈는 29세에 '산다는 것'의 의미를 찾기 위해 그리스 신화의 세계로 빠져들었다고 한다. 그는 '시시포스'를 부조리한 운명에 도전했다가 패배함으로써 자신의 존재를 자각한 자라고 말하면서 '부조리한 세계를 직시하는 것이야말로 인간의 승리'라고 결론 내린 바 있다. 시인詩人이라는 존재는 우리에게 이러한 삶과 세계에 관한 근본적인 질문을 던지면서 삶에 대한 우리의 감각을 전혀 새로운 것으로 이끌어 내는 존재이다. 인간과 세계에 관한 독특한 시각을 통해 빚어낸 손경준 시인의 이번 시집 또한 그런 점에서 독자들의 정서적 성숙을 위한 자양분이 되기에 충분하다.

손경준 시인의 신작 시집 『추호秋毫 없는 등대』는 '부조리한 생生의 바다를 비추는, 한 줄기 불빛' 같은 시집이다. '등대'는 어두운 바다 위를 헤쳐 나가야 하는 배를 위해 불을 비추어 뱃길을 안내하는 시설이지만, '나아가야 할 길을 밝혀 주는 사람이나 사실을 비유적으로 이르는 말'이기도 하다. 칠흑의 밤을 하나의 빛줄기로 버텨내기 위해 등대는 몰아치는 파도보다 더욱 강한 힘으로 늘 한 자리에 서 있어야 한다. 손경준 시인은 등대를 자처한 사람이다. 어둠이 깔린 검은 바다를 한 줄기 빛으로 가르면서 어둠 속에 침잠되어가던 생의 의지를 다시 물 밖으로 끌어 올리는 등불의 힘. 이번 시집에서 시인은 끊임없이 몰아치는 풍랑風浪의 생을 관조觀照하는 등대이면서, 지금 이 순간에도 끊임없이 생과 투쟁하고 있을 모든 존재들에게 가닿는 한 줄기의 빛으로 존재한다.

헤드라이트 불빛이 검은 바다 위를 비춰 뱃길을 열고
태풍우 속에서도 한 줄기 빛은 희망을 건져 올리듯

내 마음속의 등대는 늘 한 곳을 향하였다
돌아올 자리, 떠나야 할 자리, 끝자리에서도
등대는 끝끝내 어둠을 불태우며

때로는, 별들의 친구가 되어 밤을 지새우고
때로는, 거목처럼 바다를 지키는 외로운 파수꾼이 되기도
때로는, 울다 지쳐 버린 노부의 가슴이 되어
바다만 바라보다 돌부처가 될 때도 있었다

등대!

추호秋毫 없는 등대야,

좌표 없는 인생이 흔들릴 때
너의 그 모습
너의 그 자리에
오늘도 하나의 희망은 파고를 타고 넘는다.

− 「등대」 전문

우리들의 생生은 폭풍우가 몰아치는 험난한 바다이다. 그 위에 떠 있는 한 척의 배. 우리들의 삶은 힘겹다. 하지만 시인은 그럼에도 불구하고 고난과 역경의 삶 한복판에서 불빛처럼 빛나는 신념을 끌어안고 굳건한 등대로 서 있다.

등대의 '불빛'이 검은 바다 위에 '뱃길'을 연다. 시인의 '마음속'에도 등대는 있어서, 늘 빼놓지 않고 한 곳을 비추고 서 있다. 떠난 누군가가 '돌아올 자리', 내가 언제가 '떠나야 할 자리', 그리고 뜨거웠던 생의 끝이 어둠으로 깔리는 '끝자락'은 오랫동안 불빛이 머문 자리다. 삶의 시작과 끝을 관통하는 빛. 이 시에서 '등대'는 시인이라는 한 개인의 삶의 표상인 동시에 보편적인 우리의 삶을 펼쳐 보이는 조감鳥瞰의 공간이기도 하다. 시인은 우리에게 본질적인 삶의 고통을 끌어안을 수 있는, 보다 너른 품에 대해 이야기한다. 폭풍우가 휩쓸고 지나간 다음 날, 바다는 눈부시게 아름답다는 것을 시인은 '오늘도 하나의 희망은 파고를 타고 넘는다.'고 말한다. 삶이란 것이 뭐 그리 대단할 것 없다는 식의 이 나지막한 읊조림은 삶에 대한 깊은 성찰과 관조에서 우러나오는 울림의 소리다. 종소리가 멀리 퍼지는 이유는 종이 안으로 울기 때문이라고 한다. 시인이 들려주는 이러한 은은한 읊조림 또한 오랜 세월 동안 고통을 내면화한 시인의 단단한 가슴 안으로부터 울려 퍼진 것이리라.

잠 못 든 그림자 하나
인기척 없는 새벽을 걷는다

아직 눈앞은 어슴푸레한 미명未明
동 트인은 산을 울리고
새벽이슬은 발끝을 차고 나가며
알싸한 냉기가 내 몸을 파고든다

생生이란, 이처럼 어두운 미명을 뚫고
새로운 아침을 맞기 위해 잡림목雜林木
우거진 수풀을 헤치고 나가는 게 아닐까?

이름 없는 질문 뒤에 떨어진 공허함은
이름 모를 하루의 새벽을 열고

기러기, 왜가리, 오리 떼 한가히 놀고 있는
물안개 피어오르는 강변의 새벽을 걸으며
내딛는 발걸음 뒤로

쏟아진 아침 햇살은
가을걷이 끝낸 들판에
까마귀 떼만 훤한 아침을 먹고 있었다

- 「새벽을 걷다」 전문

'새벽'은 하루가 시작되는 시간이다. 온몸으로 스며드는 '냉기'를 느끼며 '어두운 미명' 속을 걸어가는 화자의 새벽길은 살아있는 모든 존재가 걸어가야 하는 생의 시간으로 확장된다. 끊임없는 '질문'과 '공허'한 대답의 반복일 수밖에 없는 우리의 '생' 앞에서 시인은 또 한 번 생에 대해 묻는다. 삶에 대한 시인의 성찰은 결국 생이라는 것이 '새로운 아침'을 맞기 위해 잡립목 우거진 수풀을 헤치고 나가는 것이라는 인식에 다다른다. 위에서도 언급한 카뮈의 말처럼 고통을 수용하는 일은 오히려 앞으로 남은 생의 날들을 헤쳐 나갈 수 있는 힘의 원동력이 된다. 살아있는 존재는 모두 새벽을 맞는다. 쏟아지는 '아침 햇살'을 맞으면서, 가을걷이가 끝난 들판 위에 잘 차려놓은 아침을 먹는 '까마귀 떼'의 모습은 새벽을 견딘 시인 자신의 모습이며 삶의 비애悲哀를 견디려는 미래화된 의지의 형상이다.

억새는 생각했으리라
내가 와 여기 들판에 서 있는지를

억새는 느꼈으리라
내가 왜 여기 능선에서 서걱서걱 우는지를

억새는 알았으리라
내가 억새처럼 자라 억새 물결이 되어

저 뿌옇게 흩어지는 눈물 위에
분광分光을 쓸다 만 한 자루의
빗자루가 된다 해도

아침 햇살에 부딪쳐 장렬히 부서지는
생이고 싶었음을

― 「억새풀」 전문

  손경준 시인의 시들은 어딘가를 끊임없이 지향하고 있는데, 그것은 시인이 내면에 간직하고 있는 자기 나름의 이상적 표상을 지니고 있기 때문이다. 숙명적인 고통을 품고 살아가는 삶 속에서도 시인이 생의 의지를 노래할 수 있는 또 하나의 힘은 자신의 진정성

眞情性을 지키려는 시인 나름의 강한 신념信念에 있다.

'억새는 생각했으리라'로 시작하는 이 시의 첫 문장은 자신을 둘러싼 생과 자기 자신에 대한 근원적 성찰일 것이다. 이 시의 '억새'는 시인의 분신인 동시에 한 인간의 모습으로 서 있다. '억새'는 자라서 '억새 물결'이 되었다가, 다시 '뿌옇게 흩어지는 눈물'도 되었다가, '분광을 쓸다 만 한 자루의 빗자루'가 될지도 모른다는 상상에 빠진다. 하지만, 시인의 시선은 서걱거리며 울던 과거도, 빗자루가 되어 분광을 쓸어낼 미래도 아닌 진정한 자신이 서 있는 시간과 지점으로 가 닿는다. 생 앞에서 실존實存을 더듬으며 걸어가는 시인은 들판에서 눈부시게 흔들리는 억새의 모습을 통해, '아침 햇살'에 부딪쳐 '장렬히' 부서질 자신의 실존적 생을 재확인하고 있는 것이다.

손경준 시인의 시들은 빛의 파편으로 이루어진 아름다운 무지개를 떠올리게 한다. 우리는 지상에 존재하는 아름다운 것을 이야기할 때 가끔 무지개를 거론하지만, 찬란하고 다채로운 무지개의 색채는 실상 부서진 빛의 파편들이다.

산산조각이 났다

어느 날,
그 정처 없는 몸짓은 산산조각이 나

파편은 사방으로 흩어지고

산산이 부서진 마음을 쓸쓸히 쓸어 담을 때
내 마음도 산산조각이 났지만

산산이 부서지지 않고서야
어찌, 산산조각 된 너의 마음을 알겠느냐고

산산조각은 산산이 부서질 때
그제서야, 너의 마음도 산산조각이 나
아름다운 거라고

— 「산산조각」 전문

 시 「산산조각」은 파멸의 비극을 환상적인 무지개로 만드는 시인의 요술이 담겨 있다. 신이 아닌 우리는 그 누구도 온전히 사랑할 수 없다. 타인의 감정을 내 것처럼 알 수 없는 우리들은 다른 존재의 비극 앞에서 그저 연민憐憫할 수 있을 뿐이다. 하지만 시인은 이러한 인간의 근원적 한계 속에서 최대한 사랑에 이를 수 있는 방법을 '산산조각'이라는 네 음절의 단어로 제시하고 있다.
 시인은 '산산조각'이 난 '너'의 마음을 쓸어 담고 있다. 그러면서 이미 자신의 마음도 함께 산산조각이 나버렸음을 느낀다. 아주 잘게 깨어진 여러 조각을 뜻하는 '산산散散조각'이라는 시어는 분리와 유리流離라는 관념적 상징을 담고 있지만, 이 시에서만큼은 사랑하는 존재와의 합일合一을 위한 방법으로 제시되어 있다. '산산이 부서지지 않고서야/ 어찌, 산산조각 된 너의 마음을 알겠느냐'고 말하면서, 시인은 자신의 '부서짐'을 기꺼이 수용한다. 부서짐은 숨겨진 아름다움이 드러나는 시간이기도 하다는 것을 잘 아는 시인은 산산이 부서질 때 그제서야, 너의 마음도 '아름다운 거'라고 말한다. 사랑하기 위해 기꺼이 자신을 희생하는 시인의 이러한 자세는 상대의 마음에 도달하고자 하는 뜨거운 욕망이면서, 근원적 한계를 지닌 우리들이 진정 '사랑'에 가 닿기 위해 취할 수 있는 유일한 자세로도 읽힌다. 사랑을 향한 시인의 이러한 태도는 다음 시 「뿌리」에도 잘 나타나 있다.

하늘은 푸르고 밝은 날
나무의 뿌리는 행복했고

비바람이 몰아치고
생과 사가 문턱에 와도

뿌리는 중심을 잡고
온 힘을 기울였나니

나의 사랑이 쓰러지고 힘들어할 때에도

나는 꿋꿋이 시련을 받아들인

오직
한 가지 이유

나는 너의 뿌리다
너는 나의 한 줄기 소망이다

나는 오늘도 지평선에 보이는
한 그루 소나무의 뿌리가 되고 싶다

그것은 오랜 날
나의 소망이자
나의 숙명이었다

― 「뿌리」 전문

'나무'는 '하늘'이 내려주는 것들을 받아먹으며 마침내 제 여린 몸을 흙 위로 밀어 올렸을 것이다. 하늘을 향해 자라기 시작한 나무는 때로는 '비바람'에 흔들리는 제 가지들의 울음소리를 듣거나 제 몸이 꺾이고 부러지는 고통을 느꼈을 것이다. 어린 유목幼木 하나의 성목成木이 되기까지 나무 하나는 수많은 '생과 사'의 문턱을 드나들어야 한다. 나무가 그러한 거친 생을 견딜 수 있게 하는 힘은 전적으로 '뿌리'라는 단단한 생의 근원으로부터 나온 것이다. 시인은 '나' 또한 '너'의 뿌리였음을, '한 줄기 소망'이었음을 고백하며 너를 위한 '한 그루 소나무의 뿌리'가 되기를 간절히 바란다. 시인이 말하는 사랑은 상대가 나의 근원根源임을 알아채는 순간 이루어지고, 기꺼이 근원이 됨을 자처할 때 완성된다.

 시인이 보여주는 사랑은 그런 것이다. 기꺼이 한 그루의 나무를 위해 뿌리가 되어주는 것. 그래서 '하늘이 푸르고 밝은 날', 푸르름으로 눈부신 나무를 보며 '행복'해 하는 것. 사랑은 '나'를 버리고 상대를 향해 끊임없이 걸어가는 일이다. 부러지고 쓰러지는 아픔 속에서도 오롯이 상대의 뿌리가 되어주는 것.

    내 마음을 꼭꼭 숨기지만
    마음은 거울 같아서

    어느 날!
    느닷없이
    봄꽃처럼 뭉글뭉글 아롱지게
    돋아나니 말이다

    내 마음에도 봄눈이
    사뿐히 내리는 게지

그러면 창문을 열고 환한 미소로
맞는 게지

그대가 내 마음속에 쏙 들어오면
내 마음이 그대를 닮아
봄꽃이 되어 활짝 기지개를 켜는 게지

- 「봄꽃」 전문

시「봄꽃」에서도 사랑에 대한 시인의 인식에는 변함이 없다. 시인은 '사랑'을 어느 날 느닷없이 돋아나는 '봄꽃'에 비유하면서 사랑이라는 감정에 한껏 뜨거운 생명력을 불어넣는다. '눈[雪]'과 '꽃[花]'은 물리적으로 전혀 다른 형상을 갖지만, '봄눈'에 대한 우리들의 일반적 인식을 고려하면, '눈'으로부터 '꽃'으로 전이되는 시적 상상력은 전혀 어색하게 느껴지지 않는다. 그래서 이 시의 눈과 꽃은 다시 자아와 타자의 관계로 설정될 수 있고, 그 사이를 잇는 사랑이라는 감정의 길을 우리는 걸어볼 수 있는 것이다. 사랑은 숨길 수 없는 '마음의 거울'. 사랑은 마음 위에 '봄눈'을 내리고, 화자는 창문을 열고 들어오는 '그대'를 맞이한다.

이상에서 살펴본 것처럼 손경준 시인이 노래하는 사랑은 대상과 하나 됨에 있다. 나에게서 너에게로 가는 여정은 서로 닮음을 전제하고 그러한 닮음은 자신을 비움으로써 가능하다. 그대가 내 마음속으로 들어오는 일은 그대를 닮은 내가 봄꽃이 되는 일이다.

봄꽃이 되어 활짝, '기지개'를 켜는 일이다.

손경준 시인의 시편들은 끊임없이 한 곳을 응시하면서 걸어온 삶의 기록이다. '순환의 초시계'에 맞춰, '한고비 한고비' 생의 고개를 넘어온 세월의 초침들이 시 속에서 여전히 살아 숨 쉬고 있다(「추색으로 가는 시간」). 때로는 생이라는 비극적 '운명'을 타고 넘는 '담쟁이'의 모습으로(「담쟁이」), 때로는 '마음의 짐'을 털고, 과감히 '문밖'을 나서는 '희망의 미루나무'의 모습으로(「체념」), 때로는 '행복한 무게'를 지고 살아온 뜨거운 '사랑'의 모습으로(「짐」) 살아온 시인. 시詩를 '동무'라고 말하는 손경준 시인의 시들은 우리에게 다양한 질문을 던진다. 당신은 어떻게 살아왔고, 어떻게 살아갈 것인지, 그리고 또 결국, 어디에 이르고 싶은지……. 이 시집을 통해 질문 하나를 얻길 바란다. 그래서 당신이 걸어온 길을 되돌아보고 걸어가야 할 길을 가늠해 보기를, 손경준 시인의 시집 속에서 당신을 만날 수 있기를 기대한다.

여전히 마음속에 살아 숨쉬는
내 삶의 버팀목, '아버지'
― 이윤주 시집, 『아버지의 사랑』

  우리가 문학 작품을 읽으며 만나게 되는 삶의 모습은 자아가 끊임없이 세계와 관계를 맺은 흔적이며 그것들의 기록이라 말할 수 있을 것이다. 의식하고 행동하는 주체인 자아는 자신을 둘러싼 외적 현실과 끊임없이 부딪치기도 하고 공존하기도 하면서 유의미한 하나의 세계를 구축한다. 자아는 영원히 해소될 수 없는 세계와의 갈등 속에 필연적으로 놓여 있고, 그 속에서 고뇌하는 자아로부터 창조되는 또 하나의 세계를 우리는 문학이라 부르는 것이다.

  신이 아닌 인간은 근원적으로 불완전하며 비극적인 존재이기 때문에 문학에 주로 나타나는 삶의 모습 또한 '고苦', 즉 '괴로움'의 정서가 지배적이다. 그런 점에서 생각해 보면, 우리가 '문학의 미학'을 이야기할 때 '미美'가 단순히 '아름다움'만을 의미하지 않는다는 것 또한 지극히 당연한 일처럼 여겨진다. 세계에 던져진 자아의 총체적인 안목이 문학의 출발선을 의미하는 것이라면, 우리가 문학을 통해 느낄 수 있는 '미美' 또한 정서적 감동을 불러일으키는 일체一切일 수밖에 없기 때문이다.

  수많은 고통으로 점철된 것이 우리들의 생生이며, 문학은 그러한 생의 반영이다. 우리는 매 순간을 불완전한 인간으로 살아가기에 문학에서 펼쳐지는 주된 삶의 모습은 '욕망'의 세계이다. '욕망'이라는 보편적인 세계가 '초월'이라는 특수한 세계로 이동하기 위해서는 무엇보다 세계에 대한 부단한 관조觀照의 자세가 요구되는데, 이윤주 시인의 이번 시집 『아버지의 사랑』에서는 세상에 대한 주관적 시선을 끈질기게 붙들고 있으면서도, 삶에 대한 진실한 체험과 깊은 통찰을 통해 '초월'의 세계로 전이되어 가는 시인의 모습을 다수의 시편들 속에서 발견할 수 있었다.

장작이 타는 소리는
타닥타닥
사랑이 타는 소리는
두근두근,

나무는
불이 나면 불에 타서
재만 남고 사라지지만

사람은

사랑이 쿨이 붙으면
영혼 하나를
잉태시킨다

— 「사랑」 전문

이 시는 '타닥타닥'과 '두근두근'이라는 음성 상징어를 활용해 '나무'와 '사람'이라는 대상을 유사한 관계로 묶으면서 생동감 있게 시상을 출발한다. 하지만, 시상이 전개되면서 '나무'는 불에 타 버리고 난 뒤 재만 남기고 사라지는 존재로, '사람'은 뜨거운 불 속에서 오히려 하나의 영혼을 '잉태'하는 존재로 분화된다. 시인은 '장작'의 소멸 이미지를 바탕으로 하면서도 그 안에 '생성'이라는 역설적逆說的 인식을 보이는데, '사람'만이 지니고 있는 불멸의 힘은 오래된 관조로 이끌어낸 사유이다. 이러한 인식에 가닿기 위해서는 삶에 대한 다양한 체험은 물론, 그로부터 얻는 인상들을 부단히 내면에 기록하는 습관이 필요하다. 타서 재가 되는 '장작'으로부터 불멸의 생生을 떠올릴 수 있는 시인의 심안心眼 또한 그로부터 생겨난 것이다.

꽃이 피자 벌이 날아든다.
날아든 벌은
이 꽃, 저 꽃 옮겨 다니며
꽃봉오리를 수정해 준다.

한 계절, 뜨거운 태양은
꽃과 벌이 벌인 일에 대하여
아무 말 하지 않고
침묵의 씨만 남긴다.

꽃은 꽃을 피우는 일만 하고
벌은 꽃만 오고가는 일만 한다.

− 「꽃과 벌」 전문

'관조觀照'는 고요한 마음으로 사물이나 현상을 관찰하거나 비추어 본다는 뜻이다. 시 속에서 자주 엿보이는 이윤주 시인의 이러한 관조적 자세는 앞서 언급한 대로 '욕망'의 세계를 벗어나 '초월'의 세계로 인도하는 열쇠가 된다. 관조적 태도로 세계를 대할 때, 시인은 사물을 통해 인생이나 진리에 대한 깨달음에 이르는 경우가 많은데, 이는 「꽃과 벌」에서도 잘 드러난다. 너무나도 평온하고 아름다운 세계를 마주한 시인은 그 어떤 것에도 무심한 작은 존재들에게로 시선을 돌린다. 그 시선에 잡힌 아름다운 세계의 구성원들은 열심히 자기를 피우는 일에만 몰두해 있는 '꽃'과, 열심히 꽃을 오가며 꿀을 따기에 바쁜 '벌'들. 그리고 그 모습을 묵묵히 내려다보고 있는 '뜨거운 태양'이다. 시인은 이로부터 우주의 오묘한 이치를 발견하게 되는데 그것은 '꽃'이 꽃을 피우는 일만

하고, '벌'이 꽃을 오고 가는 일만 함으로써 이루어지는 조화로운 세계에 대한 깨달음이다. 여기에는 우리가 바라는 아름다운 세계라는 것이 인위적이고, 작위적인 노력으로써 이루어지는 것이 아니라 삶의 순리에 맞추어 살아가는 수많은 존재들, 그 누구보다 자신이 맡은 생生의 본분에 열중하는 작은 것들의 부지런함에 의해 도달할 수 있다는 인식이 담겨 있다.

꽃이 펴야 꽃길인가

내가 외르워 걸어가면
그 길,
꽃길 아닌가?

나,
외롭지 말라고
만들어 준 꽃
내 그림자

꽃처럼
피어 있다

— 「꽃길」 전문

'초월'이 일정한 한계를 뛰어넘음으로써 문제가 해결되는 것을 말한다면, 이 시에 수 놓인 '꽃길'이야말로 초월적 세계의 한 단면을 보여준다. '꽃' 대신 '그림자'가 꽃으로 핀 이 길은 시인의 정신적인 자유로움과 여유로움이 활짝 펼쳐져 있는 길이다. 외로울 수밖에 없는 우리들의 삶을 시인은 담담하게 받아들인다. 인간의 근원적 한계를 뛰어넘는 것은 인간의 마음에 달려있다는 듯이……. 이미 외로움이 존재의 근원적인 고통이며 삶의 본질임을 알고 있기에 시인은 '그림자'를 꽃으로 피우는 주관적 변용을 통해 세계와의 화해를 꾀할 수 있는 것이다.

저 하늘은 어디에서
푸른 물을 물들였을까
저 하늘을 다 칠하기 위해서는
이 세상 푸른 잉크가 모자라겠다

그런데 어떻게
푸른 잉크 물을 모아 하늘을 그려냈을까
푸른 잉크 물을 쏟아내는
그대 그리움의 맷돌이
저 하늘에 있는가 보다

— 「잉크」 전문

시인이 마음을 통해 세계를 품는 시는 또 있다. 애틋한 사랑의 감정을 표현한 이 시는 자아와 세계의 자연스러운 융합이 아닐 수 없다. '임의 고운 눈썹을 즈믄 밤의 꿈으로 맑게 씻어서 하늘에다 옮겨 심어 놓'다던 서정주 시인의 「동천」을 떠오르게 하는 이 시는 하늘에서 연상된 푸른색이 '푸른 잉크'의 이미지로 변주되면서, '그대'에 대한 사랑의 중량을 무한대로 확장하고 있다. 마음속에서는 지금도 여전히 맷돌을 돌리고 있을 '그리움'. '그리움의 맷돌'은 하늘을 물들이는 푸른 잉크의 수평적 이미지와 함께 가늠할 수 없을 만큼 커진 화자의 사랑과 그리움을 형상화하는 훌륭한 장치이다. 맷돌을 돌리는 구체적 행위에 대한 연상은 '그리움'을 영원한 것으로 치환하면서 깊은 여운을 남긴다.

이미 아득한 시간의 뒤로 멀리 사라졌으나, 끊임없이 현재로 소환되는 기억들이 있다. 덧없이 흐르는 시간 속에서 이제는 헐거워질 만도 하건만, 여전히 또렷하게 마음의 한 자리를 차지한 채 여전히 우리와 생生을 함께 걷는 기억들. 평생 닳고 닳아도 좀처럼 지워지지 않는 지문指紋 같은 것들이 우리들의 마음속에는 있다. 에필로그에서 시인은 이 시집을 '아버지를 위한, 아버지에 의한, 아버지의 시들'이라고 말하면서, 이 시집의 모든 시편들이 '아버지께 헌사하는 시들'임을 고백하고 있다.
　우리들에겐 돌아갈 집이 있다. 바람이 불고 비가 내려도, 한겨울 눈보라가 휘몰아쳐도, 늘 언제나 같은 곳에서 너른 품으로 우리를 끌어안아 주는 집. 아마도 시인의 아버지란 그런 존재였을 것이다.

> 4월이 되면 육백산도 애를 낳는지
> 안개가 솜이불처럼 두껍게 낀다
> 육백산 홀로 안갯속에서
> 젖먹이 아기 젖 먹이듯
> 참꽃을 어루만진다
> 나와 친구들은 육백산 기슭을 올라가
> 두 손 가득 참꽃을 꺾어 오면
> 엄마는 뱀 나온다며
> 다시는 가지 말란다
> 그 말, 곁에서 듣고 계신 아버지
> 다음날부터 밭에만 갔다 오시면
> 지게 위에 4월을 한 짐 지고
> 내려오셨다
>
> — 「4월」

4월은 다채로운 꽃과 나무들이 제 미모를 마음껏 뽐내는 계절이다. 아직 어린 '나'는 산에서 약동하는 온갖 것들의 숨소리를 뿌리칠 만큼 강하지 못하다. '나'는 아름다움에 이끌려 친구들의 손을 잡고 산에 올라, 아름다운 자연의 모습에 흠뻑 빠져 한나절을 보낸다. '뱀'이라는 공포도 말릴 수 없는, 아름다움이 지천으로 널려 있는 산속. 그중에서도 어린 화자에게만은 너무 예뻐서, 차마 보고만 돌아올 수는 없었던 꽃이 있었다. 고사리 같은 두 손 가득히 꺾어 쥐고야 집으로 돌아가는 것이 허락되던, 바로 '참꽃'이다. 집에 돌아와 '엄마'의 걱정 섞인 꾸지람을 한참이나 들어야 했던 '나'는 다음 날 아버지의 지게 위에서 '한 짐'의 '4월'을 발견한다.

우리의 외로운 아버지들은 늘 말이 없다. 언제나 묵묵히 버팀목으로 서서 자식의 위험한 길을 앞장서 대신 헤쳐 나가는 존재이다. 지게 위에 놓인 아름다운 꽃들의 형상이 '4월'이라는 시어 하나로 응축되면서, 따뜻한 아버지의 희생과 사랑은 한층 더 확장된 부피와 깊이를 얻는다. 이 시의 공간적 배경으로 제시된 '육백산'은 토속적 정감을 느끼게 하는 동시에 거룩한 아버지의 삶의 공간이며, 넉넉하고 거룩한 아버지의 상징이다. 시인은 아버지의 희생과 사랑을 평이한 시어를 통해 표현하면서도 보편적인 우리들의 아버지의 모습을 뭉클하게 제시하고 있다. 오직 자식들의 올곧은 성장을 바라며 새벽같이 무거운 지게를 지고 매일 산비탈을 오르내리던 우리들의 아버지의 모습은 또 다른 시 「아버지의 사랑」에서도 인상적으로 표현되어 있다.

아버지는 등이 의자처럼 굽어 있다
자식을 당신 가슴에 앉혀 키우셨기 때문이다
— 「아버지의 사랑」 부분

우리는 야속한 세월을 살면서 어느 순간 부모님의 보호자가 되어 있는 자신을 발견하게 된다. 시인은 아버지의 등이 '의자'처럼 굽어 있는 이유를, 자식을 '당신 가슴'에 앉혀 키우셨기 때문이라는 사유에 도달한다. 아버지의 세월을 '완성되지 않은 빛'의 '반달'로 인식한 시인은, 자신 또한 '그 남은 반달의 빛'을 채우는 존재가 되겠다는 다짐을 한다. 덧없이 세월이 흘러도 잊히지 않는 아버지에 대한 기억으로부터 화자는 다시 진정으로 삶을 살아낼 용기를 얻고 있는 것이다.

아버지가 심으신 대추나무
마당을 혼자 독차지하고 자라더니
아버지가 돌아가시고 외로웠던지
저 혼자 별만 본다
묵호항 집어등 불빛이 와서 놀다가도
대추나무는 꿈쩍도 하지 않는다
어머니, 그 대추나무 대추 몇 알
아버지 떠나시는 상에 차려 놓고
파도에게 던져 주고,
기러기에게 던져 주며
한 마디 내뱉는다
야야! 느그 아버지

대추나무처럼 허리 굽더니
그만 따나시더라
어머니 혼잣말로
이제 내가 저 대추나무 각시 되어야겠다고 말씀하신다
─「대추나무」

우리는 누구나 한번 태어나 한 번은 죽어야 한다는 것을 안다. 이 불행은 피해 갈 수도 맞서 싸울 수도 없는 생의 무거운 숙명이다. 우리는 살아가면서 몇 번은 가까운 사람의 죽음을 경험하게 된다. 그 때문에 우리는 크게 한번 휘청이고 한동안 극한의 슬픔과 절망 속을 헤맨다. 그러나 이러한 삶의 고통을 생의 본질로 받아들일 때 우리는 그 무거운 절망에서 헤어 나올 수 있다. 아름다움이 슬픔 속에서 불거져 나올 수 있는 것 또한 고통을 온전히 끌어안으려는 시인의 눈물겨운 의지 때문이다.

아버지가 심은 '대추나무'는 '마당을 혼자 독차지'하고 자라나더니, 아버지가 돌아가신 뒤에는 외로워 홀로 '별'만 바라보고 서 있다. 이 시에서 '대추나무'는 아버지의 죽음과 부재라는 현실의 상황을 시 속 인물들에게 환기喚起하는 기능을 하는 동시에, 아버지의 부재로 인한 인물들의 상실감의 크기를 짐작케 한다. 가족의 죽음을 대할 때 정서의 과잉이 나타나는 시들도 있지만, 이윤주 시인의 「대추나무」는 남편을 보낸 어머니의 목소리를 담담하게 제시하면서 사랑하는 가족의 죽음이라는 슬픔을 딛고 일어서서 또 한 생生을 살아가야 하는 모녀母女의 애잔한 마음이 잔잔한 울림으로 전해져 오는 시이다. 대추나무처럼 '허리'가 굽다가, 떠나버린 남편을 떠올리며 '이제 내가 저 대추나무 각시 되어야겠다'고 말하는 어머니의 다짐은 고통을 온몸으로 끌어안고 살아야 하는 남은 자의 읊조림이다.

>아침저녁 정화수 물 떠놓고서
>부엌 가마솥 옆에 한 사발
>장독 간장독 옆에 한 사발
>샘물을 떠놓고서 할머니는 빌고 빌었다
>별이 되려나?
>꽃이 되려나?
>새가 되려나?
>떠나가신 할아버지를 그리워하며
>내 손자 손녀
>하늘에서 굽어살펴 달라고
>빌고 빌었다
>두 눈 가득 담긴 샘물
>샘물 한 사발 떠놓고
>마음 한 사발 떠놓고
>
>― 「샘물」 전문

함민복 시인은 「나의 여집합인 나」에서 '아버지가 죽고/ 내가 슬퍼서 운 것'은 '내 속에 살아 있는 아버지가 운 것'이라고 말한 바 있다. 살아 있는 존재에게 죽음이 떼어낼 수 없는 문제인 것처럼 죽음 또한 남은 사람들의 가슴 속에서 떨어지지 않고 함께 살아 숨쉬는 것인지도 모른다.

「샘물」에서 매일 아침저녁으로 '샘물'을 떠 놓고서 '손자 손녀'의 안녕을 비는 '할머니'의 모습은 죽음과 삶이 이어져 있다는 인식을 바탕으로 한다. 매일 새로 떠 놓는 '샘물'은 할머니의 모성적母性的 행위인 동시에 죽은 남편에게 바치는 '한 사발'의 그리움이기도 하다. 이러한 할머니의 모습을 보고 자랐을 시인의 마음속에도 돌아가신 아버지는 여전히 살아 숨쉬고 있을 것이다.

한 편의 시는 시인의 근원적인 정서에서 샘 솟아 나오는 뜨거운 물줄기이다. 삶의 현실에 뿌리를 두고 삶의 고통에 정면으로 맞서면서도 현자적 삶을 뛰어넘을 피안을 꿈꾸는 시적 상상력이야말로 시를 시답게 한다. 이윤주 시인의 이번 시집 『아버지의 사랑』은 세상을 바라보는 시인의 주관적인 시선 너머로 따뜻하고도 뭉클한 서정의 세계를 펼쳐 보이고 있다. 시인은 아버지가 만든 '시골집'이 태풍으로 주저앉은 모습을 보면서(「시골집」), 폐교가 된 '학교'를 마주하면서(「흔적」) 유년을 상실한 아픔에 놓이거나, '대추나무'처럼 굳다가 대추나무로 남은 아버지(「대추나무」)의 죽음 앞에 슬픔이 되어 서 있기도 한다. 시인은 우리의 눈앞에 '산딸기'만

따 먹던 때 묻지 않은 고향의 모습(「산딸기」)을 복원해 내고, 하루에 몇 개씩 '복조리'를 만들어 이웃들에게 나누어주던 아버지(「복조리」)를 다시 살아 숨쉬게도 하면서 기억 속에 깃들어 있던 풍경을 하나씩 꺼내 놓는다. 삶이 죽음으로, 죽음이 다시 삶으로 이어지는 순환의 고리 또한 시인 특유의 깊이 있는 사색과 관조로 엮어가면서.

  시인의 삶이 진하게 녹아 있는 시편들을 거닐며 우리는 우리의 삶이 단순히 죽음에 이르는 여정이 아니라는 것을, 우리들이 다시 진정한 삶으로 일어서도록 떠받치고 있는 따뜻한 버팀목들이 여전히 살아있음을 느낄 수 있을 것이다.

자연과 시간을 잇는, '투명한 시의 언어'
– 김경희 시집, 『기억의 테이프』

　장마가 지나가고 있다. 얼마 뒤면 감나무는 잎을 떨어뜨린 자리에 주홍빛 감을 주렁주렁 매달고 무르익은 가을을 알릴 것이다. 계절은 소리소문없이 변하고, 하루하루의 날씨 또한 변덕스럽다. 우리의 인생에도 분명 계절은 있을 것이다. 매일을 살아내야 하는 우리의 마음에도 햇빛이 비치고, 비가 내리고, 바람이 불고, 눈이 내린다. 공자는 『시경』에서 마음이 흘러가는 것을 적은 것이 시라고 했다. 무조건 마음을 쓴다고 해서 다 시가 되는 것은 아니겠지만, 마음을 자연스럽게 노래하는 것은 좋은 시가 갖추어야 할 기본적인 조건임에는 틀림이 없다.
　김경희 시인의 이번 시집 『기억의 테이프』에는 하루를 살아가는 시인의 마음이 간결한 형식 속에 잘 무르녹아 있다. 시인의 시들이 노래처럼 읽히는 것 또한 그 때문이다. 이 시집 속에 담긴 시들은 시인의 삶 속에서 만난 수많은 존재들과 함께 삶을 나눈 기록이자 존재들에 대한 뜨거운 사랑의 노래이다.

어디서 날아왔나
민들레 홀씨 하나
길을 잘못 들었나
소매 끝에 주저앉았다

낯선 바람 손에 멀리
자식들 딸려 보낸
엄마 심정 어땠을까
그 마음 헤아리며
조심스레 떼내어
풀섶으로 데려가

이곳에 정을 붙여
부디 잘 살아내기를
엄마의 마음으로
후후 불어준다

-「민들레 홀씨 하나」 전문

시인은 시인이기 이전에 한 명의 평범한 인간으로 살아간다. 누군가의 아들과 딸로, 또는 누군가의 아버지나 어머니로. 혈연으로 이어진 관계는 다른 매개를 통해 맺어진 관계들과는 견줄 수 없는 견고함이 있다. 핏줄이란 것은 단지 조부와 부모, 부모와 자녀들을 연결하는 매개의 역할만 하는 것은 아닐 것이다. 차원이 다른 그 끈끈함은, 서로 끌어안고 체온을 나누던 세월의 온도와 깊은 관련이 있다. 자식은 부모의 거울이란 말이 그냥 나온 말이 아니듯이 자기도 모르는 사이에 부모를 닮아가는 것 또한 자식이다.

사건은 어디서 날아왔는지 모를 '민들레 홀씨 하나'가 '소매 끝'에 주저앉는 것으로 시작된다. 시인은 날아든 홀씨 하나를 내려다보며, '낯선 바람 손에 멀리/ 자식들 딸려 보낸/ 엄마'의 마음을 떠올린다. 이 별것 아닌 사건이 극적으로 전환되는 것 역시, 시인의 몸에 살던 어머니가 불쑥 화자의 몸을 열고 나온 그 순간일 것이다. 이제 '엄마의 마음'이 된 시인은 조심스러워진다. '부디 잘 살아나기를' 바라며 입을 동글게 오므려 입김을 내뿜는다, '후후'. '후후'로 표현된 입김은 홀씨를 멀리 날려 보내려는 노력이면서, 먼 길을 떠나는 자식에게 내뿜는 뜨거운 온기이기도 하다.

비록 갯물만
바다로 가는 것은 아니다

내 안의 설움이 넘칠 때
바다로 간다

바다는
바다는

말은 없지만
말을 들어주고
눈물은 없지만
같이 울어주고
가슴은 없지만
포근하게 안아주고

모든 걸 다 쏟아부어도
결코 넘치지 않기에
한없이 서러운 날은 바다로 가
소리로 바다를 깨운다
눈물로 바다를 채운다

─「바다로 가는 이유」 전문

동서고금을 막론하고 '자연'을 노래하지 않은 시인은 없을 것이다. 일찍이 사대부들이 지향했던 자연은 세속적 이익을 버리고 선택한 청빈한 삶의 공간이었으며, 과거 여인들에게도 자연은 사랑과 그리움 등의 억압된 삶의 감정들을 함께 나누고 견뎌온 존재였다. 하지만 최근에는 자연 자체를 대상으로 하는 시들이 과거에

비해 많이 쓰이고 있지 않을뿐더러, 자연 자체와 교감하며 일체의 경지를 노래하는 시들은 더더욱 찾아보기 어렵게 되었다. 이런 점에서 김경희 시인의 시 속에 드러난 자연과 인간의 모습은 남다르다. 시인은 이미 자연의 일부로 살면서 오랜 시간 동안 자연과 교감하는 세월을 살아온 듯, 시 곳곳에 자연과 동화된 모습을 여지없이 드러난다.

'강물'과 시인은 모두 '바다'를 향해 가는 존재이다. 시인은 바다와 '말'을 나누고, 함께 울고, 끌어안는다. '모든 걸 다 쏟아부어도/ 결코 넘치지 않'는다는 것을 시인도 바다도 알고 있다. 그래서 시인은 '한없이 서러운 날' 바다로 가서, '소리'로 '눈물'로 바다를 깨우는 것이다. 시인은 '설움이/ 넘칠 때' 또 바다를 찾을 것이다. 바다와 시인은 그때마다 오랜만에 만난 친구처럼 서로의 서러운 세월의 이야기를 나눌 것이다. 이처럼 김경희 시인은 시 곳곳에서 자연과 함께 숨쉬며 살아간다. '자지러지게 웃어대는' '꽃가지'를 보고, '봄바람'의 이야기를 '좋은 소식'으로 전해 듣는다든가(「바람이 전하는 말」) 백사장을 걷다가 물소리가 들려 고개를 돌려보니 '푸른 바다'가 '같이 걷고' 있었다든가(「백사장」), '날아가는 기러기'에게 '밤바람이 차구나// 아직 갈 길이 멀 텐데/ 따뜻한 달빛 따라거거라'(「가을밤 기러기」)라고 말하는 모습은 자연과의 진정한 교감 없이는 불가능한 것들이다.

　빨랫줄에 미동 없이 잠든 빨래를

깨우기가 미안해 그냥 두었다

하루가 지나도 기척이 없길래
손으로 살짝 만져 보니
보송보송 마른 채로 깨어 있었다

늘 깨끗하게 빨아주는 주인에게 고마웠는지
쉬엄쉬엄하라고 자는 척했나 보다

혼자서도 잘 말라준 빨래가 하도 기특해서
조심스레 걷어서
손으로 토닥토닥 다시 재워 서랍장에 넣었다

- 「빨래」 전문

빨랫감과의 대화라니. 이쯤 되면 시인에게 정령이란 자연의 다양한 현상 속에만 존재하는 것이 아닌 것 같다. '빨래'는 잠들어있고, 시인은 깨우지 못한다. 푹 자게 내버려 두었다가 '하루' 만에 '손으로 살짝' 깨운다. 잠에서 깨어난 '보송보송'한 빨래. 시인은 빨래의 마음을 읽고 '혼자서도 잘 말라준' 것이 기특해 빨래를 '손으로 토닥토닥 다시 재워/ 서랍장에 넣'는다. 시인은 아이의 마음으로 세상을 보아야 한다는 말을 자주 듣는다. 그런 점에서 김경희 시인은 아이의 마음으로 세상을 볼 줄 아는 시인이다. 단연코

이 시는 마당에 앉아 빨랫줄에 널려 있는 빨래들을 멀리 바라보고 쓴 것이 아니다. 대상의 이야기를 듣기 위해서는 먼저 대상에게 다가가야 한다. 시인은 빨랫줄에서 곤히 자고 있는 빨래들에게 다가가 코 앞에서 자세히, 그리고 오랫동안 그들을 지켜보았을 것이다. 빨래의 높이만큼 자세를 낮추고 코 골며 잠든 빨래들의 숨결에 귀부터 갖다 대었을 것이다.

큰딸 시집보내고
엄마는 부엌에 불 때면서 울었다
왜 우냐 물으니
니 언니 생각나서 운다고 했다

큰딸 시집보내고
엄마는 뒷마당에 나가 울었다
왜 우냐 물으니
집이 텅 빈 것 같아서 운다고 했다

큰딸 시집보내고
엄마는 대청마루에서 울었다
왜 우냐 물으니
니 언니 편지 보고 운다고 했다

언니가 보낸 편지는
어머님 전상서였다

그 뒤로 딸 넷 시집보내도
그때처럼 많이 울지는 않았다

-「큰딸 시집보내고」 전문

'어머니'는 이름만으로 먹먹해지는 존재임에 틀림없다. 우리는 우리들의 어머니를 현재의 어머니로만 인식하지 않는다. 어머니는 나와 함께 과거와 현재를 걸어온 존재이면서 미래의 시간까지도 함께 걸어가야 하는 생의 총체적 존재다. 자식은 성장하고, 부모는 늙는다. 이 거스를 수 없는 시간의 유한성이야말로 우리들이 '어머니'를 떠올릴 때마다 가슴을 먹먹해지는 이유일 것이다.

 이 시에서 '어머니'는 울고 있다. 우리가 어머니라는 존재를 떠올릴 때, 주름이라든가 부르튼 손발이라든가 눈물 등을 함께 떠올릴 수밖에 없는 것은 자식에 대한 어머니의 희생과 헌신, 인고의 세월을 고스란히 보고 성장해온 탓이다. '어머니'는 '부엌에 불 때면서', '뒷마당에 나가'서, '대청마루'에서 줄곧 울고 있는데, 그 이유는 모두 '큰딸'을 시집보냈기 때문이다. 각 연에 열거된 공간들은, 큰딸을 시집보낸 어머니의 눈물로 가득차 있는 곳이기도 하지만, 어린 화자에게는 그런 어머니의 슬픔을 목격한 연민의 장소이기도 하다. 자식을 떠나보낸 어머니에 대한 연민과 함께 '그 뒤로 딸 시집보내도/ 그때처럼 많이 울지는 않았'던 어머니의 모습에서 어린 화자는 서운함을 느낀다. 이러한 연민과 서운함이라는 이질적인 감정의 교차는 어머니의 사랑에 대한 죌핍과 그에 대한 끝없는 갈망 때문이다.

딸만 다섯 낳고 누가 물으면
하나 있는 아들 미국 가서 산다는
엄마의 그 거짓말을

큰언니 시집가고
집이 텅 킨 것 같다며
부엌에서 흘리던 엄마의 그 눈물을

아버지 사업 실패로
빚쟁이 찾아올 때마다
넘어가지 않는 밥 대신
곡기 삼아 마신 막걸리로
발갛게 달아오른 엄마의 볼을

다섯 딸 시집보낼 때마다
옷장에 옷 정리하며 불렀던
엄마의 허전한 마음을 달래던

서글픈 곡조의 노래를

요양원에 안 갈 거라
노래를 불렀는데
무릎관절로 못 움직이니
병원으로 모시고
자주 오겠다며 약속하고
돌아설 때 바라보시던
엄마의 어두웠던 그 표정을

그땐 예사로 생각했습니다

인생이란 무엇일까요
나는 아직 멀었다고
예사로 생각하며 살아가지만
누구도 피해 갈 수 없는 그 길을
따라가고 있는 것입니다
         －「그땐 예사로 생각했습니다」 전문

 동일한 '어머니'를 대상으로 하는 이 시에서도 어머니는 '눈물'을 흘리는 슬픈 존재로 그려져 있지만, 「큰딸 시집보내고」와 달리 어머니에 대한 서운함은 지워져 있다. 시인도 어머니를 따라 어머니와 같은 세월을 지나고 있기 때문이다. 어머니가 자식들을 낳을 때만 해도 칠거지악을 규범처럼 받들고 살던 시대였을 것이다. 그런 시대에 '딸만 다섯'을 낳은 어머니는 '아버지 사업 실패' 이후로는 '막걸리'로 '곡기'를 달래며 삶을 견딘다. '다섯 딸 시집보낼 때마다' '서글픈 곡조의 노래'를 부르며 슬픔과 그리움을 삭이던 여인. 그런 여인이 이제는 너무 늙고 노쇠해진 것이다. 어머니를 요양원에 모셔다드리고 뒤돌아 나오면서 화자에게는 슬픔과 절망을 눈물로 버텨온 어머니의 세월이 저절로 읽힌다. 지금까지 예사로 보고 살아오던 어머니의 고된 여정을 화자는 이제 곧 자신에게도 도래할 필연적인 슬픔임을 인식하고 있는 것이다. '누구도 피해 갈 수 없는/ 그 길을' 자신도 따라가는 중이라고 말하면서.

  세월은 흐르고, 시인은 이제 자식이 아닌 누군가의 어머니로서의 삶을 살아간다. 그러므로 시인의 서운함의 대상 또한 전환된다. 이제는 '어머니'가 아닌 '신혼집 리모델링해서/ 초대한다던 아들', '손꼽아 기다리는 엄마 마음/ 몰라주는 아들'로 전환되어 있다. '녀도/ 리모델링감이로구나'라는 꾸지람을 숨기지 않으면서.(「리모델링」) 하지만 이런 서운함은 일시적 감정일 터. 이제 할머니가 된 화자의 서운함은 손녀가 출생과 동시에 사랑이라는 뜨거운 감정으로 또 한 번 전환된다.

반쪽짜리 백일 날

패션의 완성은
꽃 머리띠
분홍 팬티

젖가슴 다 내보이는
요염한 공주님

커서
왕자님이 보시면
뭐라고 말할래요

저 때는 너무 어려
부끄럼이 뭔지 몰랐다고
딱 잡아떼세요

— 「수아의 50일」 전문

'꽃 머리띠/ 분홍 팬티'를 갖추어 입고, '젖가슴 다 내 보이는/ 요염한 공주님' 앞에서 할머니가 된 시인은 '왕자님이 보시면' '부끄럼이 뭔지 몰랐다고/ 딱' 잡아떼라고 애정어린 조언을 한다. 핏줄을 타고 흐르는 뜨거운 사랑 내림이다.

김경희 시인의 시집 『기억의 테이프』는 부단한 습작의 결실이다.

삶의 매 순간마다 샘솟는 감정들을 자연과 일상에 부쳐 노래하면서, 기억 속에 잘 갈무리해 놓은 덕분일 것이다. 자연들, 심지어 사물들과도 교감을 하는 시인의 언어는 권태에 지친 우리들의 삶을 일깨우기에 충분하다. 거부할 수 없는 세월과 그 안에 깊게 주름 박힌 세월들을 찾아 진솔하게 펼쳐 보이는 시인의 시들 또한 우리가 잊고 살아온 시간 속으로 우리를 데려다 줄 것이다.

봄, 여름, 가을, 겨울이 들려주는 '생生의 귓속말'
– 박안심 시집, 『인생은 총연습이 없다』

박안심 시인의 시집, 『인생은 총연습이 없다』를 읽고 있으면 마치 한 해를 순환하는 열차에 앉아서 차창 밖으로 흐르는 풍경을 마주하는 느낌을 받게 된다. 이 순환선을 달리는 열차에 오르면 차장으로 다채로운 계절들이 스쳐 지나가고, 지나온 풍경은 다시 마음속에 남아 한참을 정차하기도 한다. 1부에서는 눈이 내리고, 2부는 쨍쨍 햇볕이 내리쬔다. 3부에 이르면 세상은 귀뚜라미 소리 절절한 가을밤이 되고, 4부는 눈으로 덮인 세상처럼 뼛속까지 차고 하얘진다. 펼쳐지는 풍경 속에서 우리는 시인의 오랜 그리움을 마주하게 되고, 마디마디 새겨넣은 시인의 뜨거운 사랑과도 만나게 된다. 시인에게 풍경은 정서를 투영하는 대상이기도 하지만 정서 그 자체이기도 하다. 마찬가지로 우리가 시 속에 펼쳐진 풍경을 바라보는 일은 시인의 마음속을 걷는 일이기도 한 것이다.

시를 먹는 여자가 여기에 있습니다
이 여자 곁에는 항상 시가 있습니다

그 어느 것보다 더 소중하고 보약 같은 시

시야 나는 너를 매일 글로 써서
너를 먹는단다
그래야 하루하루를 버틸 수 있고
견딜 수 있기에

왜냐고 굴어봐 줘

슬플 때에도 시 너를
마음으로 먹고 기쁨으로 삭인단다
시야 너는 내 마음속의 양식이니
시 너를 먹음으로 나는 살 수 있거든

그런데도
먹어도 먹어도 배부르지 않은 시야
만족감이 없으니 어찌하면 좋으냐
사랑하는 나의 시야

– 「시를 먹는 여자」 전문

'시인'이라는 이름은 시를 쓰는 사람보다 시를 사는 사람에게 더 잘 어울린다. 그런 점에서 박안심 시인은 누구보다 '시인'이라는 이름이 잘 어울리는 사람이다. 제목부터 시인은 '시를 먹는'다. 시인에게 시는 '먹는' 것이다. 항상 옆에 밥을 두고 사는 것이 아니라, 시라는 '보약'을 끼고 산다. 하지만 이 시라는 보약은 '글로 써'야만 먹을 수 있다. 그래서 시인은 하루로 거르지 않고 시를 써서, 먹는다. 시는 슬픔을 '기쁨으로 삭이'는 목숨줄이지만 '먹어도 먹어도 배부르지 않은' 허기이기도 하다. 그럼에도 끊임없이 시를 갈구하는 시인은 끊을 수 없는 이 보약 앞에서 '사랑'한다고 고백할 수밖에 없는 것이다.

나만의 세계에
나를 위한 아티스트가 되어
그림을 그리고 싶다

그림 속에 시가 있고
사계절의 아름다운 이야기가
환상 속에 펼쳐질
감미로운 음악에
그림을 그리고 싶다

녹색의 싱그러운 세상도
흰 눈이 끝이 보이질 않을
신비로운 세상도

나의 붓끝에

시가 웃고 세상이 웃는다

―「그림을 그린다」전문

이 시에서도 우리는 시인에게 시가 어떤 존재인가를 엿볼 수 있다. 시인이 '그리고 싶다'는 것은 그림이지만, 그 그림 속에는 '시'가 있고, '사계절의 아름다운 이야기'도 있으며, 심지어는 '감미로운 음악'까지 있다. 하나의 그림 속에 시와, 이야기와, 음악까지 모두 담고 싶어 하는 시인의 욕심은 결국 그림과 이야기, 음악과 시가 모두 하나로 연결되어 있다는 생각이 시인의 관념 속에 자리 잡고 있기 때문이다. '국화 꽃잎 차 한 잔에 마음 띄워 놓고/ 저고리 소매 끝동 걷어 올리고 붓을 들어// 대쪽 같고 절개 있어 선비 같으신 임의 마음/ 이 여인 마음 안에 곱게 그려 놓았습니다'(「사군자를 그리는 여인」중에서)의 여인의 모습처럼 시인에게 시란, 마음에 띄울 수도 있으며, 붓으로 곱게 그려 놓을 수 있는 것이다. 시들이 이처럼 다채로운 것은, 시인이 시를 살고 있기 때문이다. 박안식 시인에게 시는 세상과 동의어이며, 시는 펜이고 붓이며 악기다.

인고의 세월을 인내했을 것 같은
벚나무―

축 늘어진 가지에
팝콘처럼 툭툭 터진

만개한 벚꽃들이

삭풍의 찬 바람에 흔들리듯
마구 춤을 추니
벚꽃이 낙화 되며 꽃비로 내리네

하얀 이를 드러낸 듯한
예쁜 벚꽃들이
가벼운 하얀 망사옷을 입고

길바닥 위에 떨어져
길게 드리워져 있으니

땅에 떨어진 이 아름다운 꽃잎을
아까워서 어이 밟고 지나갈꼬
살짝살짝 밟고도 지나갈 수 없으니

- 「꽃비」 전문

  봄은 봄대로 겨울은 겨울대로 아름다운 것이라고, 우리는 자주 계절에 대한 찬사를 늘어놓는다. 하지만 이러한 피상적인 태도로는 어떤 계절도, 어떤 풍경도 시가 될 수 없다. 이번 시집에서 결코 **빼놓을** 수 없는 것은 계절과 풍경을 대하는 박안심 시인만의 시선과 자세에 있다. 시인과 자연은 관찰하는 주체와 관찰되는 대상의 관계가 아니라, 함께 피고 지는 동반자적 관계에 있다. 그러므로 시인이 술하게 펼쳐 보이는 풍경도 독자들에게는 원경이 아닌 근경으로 다가오게 되는 것이다.

'벗나무'에서 '인고의 세월'을 읽고 듬세 연민에 빠진다. 벗꽃들은 춤출 때 그토록 기나긴 인고의 세월을 망각해 버린 것일까? 봄에 취한 벗꽃들은 '마구' 춤을 추다가 이네 '꽃비'로 떨어져 내린다. 이 시에서 '벗꽃'은 '하얀 이'를 드러내고 '망사옷'을 입은 아름다운 처녀로 그려지지만, 계절은 무심하게도 이들을 땅 우에 떨구며 지나간다. 차마 '아까워서', '살짝살짝 밟고도' 지나갈 수가 없어서 시인은 낙화 앞에서 걸음을 주저하고 있다. 꽃비는 우리가 머릿속으로 떠올릴 수 있는 황홀한 정경이라기보다는 오히려 순간의 절정을 위해 비극을 견뎌온 존재로 인식된다. 하지만 그러한 비극을 밟고 지나칠 수 없는 이유는 꽃이 '삭풍의 찬 바람에 흔들리듯' '마구 춤을 추'던 잔상이 시인의 다음속에 남아 있기 때문이다. 비극이어서가 아니라 아름다움이기에 시인은 떨어진 꽃잎 앞에서 한참을 덛춰 서 있는 것이다.

산허리를 업고 넘어가는 소슬바람이
안개에 가려져
흐물거리는 스카프처럼
구름 헤쳐 놓았네

앞길 열어 놓고 간 무지개
이슬방울 걷어 주니,
산 넘어 가던 소슬바람
모든 것 다 내려놓고 홀연히 사라지네

- 「운무」 전문

이 시는 '소슬바람'이 '흐물거리는 스카프처럼' 구름을 헤쳐 놓았다가 '앞길 열어 놓고 간 무지개' 뒤로 '구름안개 내려놓고 홀연히 사라지'는 풍경을 두 개의 연에 압축해 담았다. 바람은 촉각적인 대상이지만 시인은 시간의 흐름에 따라 변하는 운무의 모습을 통해 소슬바람이 일어났다 사라지는 모습을 독자들에게 시각화하여 전달한다. 여덟 개의 행으로 되어 있는 이 시는 시인이 쓴 시이지만 독자들에게는 눈 앞에 펼쳐지는 그림으로서 제시되는 것이다.

박안심 시인이 '시를 사는 시인'이라면, 그 삶의 원천은 분명 시인의 가슴 속에서 뜨겁게 불타오르는 '사랑'일 것이다. 주체할 수 없는 시인의 사랑은 시편들마다 깊이 깔려 있는 정조이면서, 시집 전체를 흐르고 있는 지배적 정서이기도 하다. 이번 시집 『인생은 총연습이 없다』도 두말할 나위 없이 사랑의 빛깔로 물들어 있다.
인류가 멸망하기 전까지는 지속될 수밖에 없는 시의 테마는 아마도 '사랑'일 것이다. 단 한 번도 사랑을 노래하지 않은 시인이 없을 정도로, 사랑은 시를 포함한 많은 분야에서 가장 보편적인 소재가 되어 왔다. 그럼에도 불구하고 박안심 시인의 '사랑'이 특별하게 읽히는 이유는 시어와 행간마다 녹아 있는, 그 누구보다 뜨겁게 달아오르는 '사랑의 온도'에 있다.

저 자신을 완전히 낮춘
겸손한 자세와 마음으로
나의 사랑 당신만을
영원히 따르겠습니다

나 자신에 대해 묵상도 해보고
독백도 해 보면서
부족한 점을 채워나가겠습니다

모든 것이 고갈된 세상에서
사랑만은 고갈 되지 않도록
마음 판에 당신 사랑 새겨
힘들 때마다 꺼내어 보며

나 자신을 더 다듬고 다잡아서
당신의 그림자 되어

당신만을 따르겠습니다
　　　　　－「당신만을 따르겠습니다」 전문

'당신'은 '나의 사랑'이며, 시인은 나의 사랑인 당신에게 기꺼이 '영원'을 맹세한다. 시인에게 '사랑'은 '모든 것이 고갈된 세상에서' 고갈되지 않아야 할 절대적 가치이며, '부족한 점'을 채워 나가야 지속할 수 있는 지독한 자기반성의 대가이다. 어떠한 노력과 희생도 서슴지 않을 듯한 화자의 자세만으로도 이 사랑은 뜨겁다. 화자의 마음속에는 이미 소멸을 잊는 열정의 불길만이 활활 타오르고 있다.

옥반지 낀 손가락이
가야금 열두 줄을 튕기니
심금을 울리는 음률은
가슴을 파고드는데

은장도 가슴에 품은 채
수절하는 여인의 가야금 소리는
구슬픈 메아리가 되어

뜨거운 심장에 빗장을 지른
열릴 수 없는 마음 같아서

가야금 가락에 세월만 탓하니
그 세월이 덧없어라

– 「가야금」 전문

거문고와 가야금은 여성들에게 슬픔과 한을 달래는 악기였다. 가야금의 아름다운 음색은 현과 악기의 몸체에 해당하는 울림통이 똑같은 주파수 대역에서 반응하기 때문인 것으로 알려져 있지만, 아주 오랜 세월 동안 여린 손가락으로 현을 뜯으며 가슴에 응어리진 한을 풀어낸 것이 바로 이 악기들의 음색이 되었을 테니 굳이 과학적인 근거를 가져다 붙이지 않더라도, 이 악기들의 가락은 아름답지 않을 수가 없을 것이다. '심금心琴'은 '외부의 자극에 따라 미묘하게 움직이는 마음을 비유적으로 이르는 말'이라는 뜻의 명사이지만, 한자 그대로 보면 '마음속의 가야금'이라는 뜻으로 해석해 볼 수 있다. 이 시의 가야금 또한 '은장도 가슴에 품은 채/ 수절하는 여인'의 '가슴'을 파고들고, '구슬픈 메아리'가 되어 다시 여인의 가슴속으로 되돌아온다. 임 없는 '세월'의 덧없음을 한탄하는 여인에게 거문고는 스스로를 위로하는 또 하나의 '입'이며, 결국 거문고의 '음률'은 슬픔과 그리움을 노래하는 여인의 절절한 울음인 것이다.

당신이 마시는
시원한 여름 커피 안에는

내 사랑도 넣었답니다

　　　　　　　　　　　　　－「맛있는 커피」전문

「당신만을 따르겠습니다」에서의 사랑이 비장하다면, 「가야금」에서의 사랑은 애잔하다. 하지만, 「맛있는 커피」에 이르면 시인의 사랑은 시원해지고, 달콤해진다. 무르익은 사랑이라면 가끔 이렇게 녹아내리기도 해야 하는 것이다.

　우리는 가끔 까마득할 때의 기억이 오히려 머릿속에 생생하게 남아 있는 것을 경험한다. 유년기에는 모든 것을 날것으로 받아들일 수 있는 때묻지 않은 마음이 있고　, 그만큼 오감은 민감하다. 그래서 유년의 기억은 다른 시기의 기억보다도 오랫동안 우리의 내면에 머물고, 우리는 생의 뿌리가 그리울 때마다 그 기억의 문을 열어 보게 된다.

　막걸리 한잔에 세월의 시름을 잊으시고
　노래 한 소절에 기분을 다 푸셨던 아버지

　술 한잔 드시는 날에는 어김없이
　쌍고동이 울어 울어 연락선은 떠나간다
　앞뒤도 없는 아버지만의 노래 18번을 연신 부르시며

힘들게 살아오셨던 애환들을
이 짧은 노래 한 소절 속에 묻으시면서
아픈 마음을 달래셨을 아버지 생각에
마음이 아려와서 가슴이 먹먹해집니다

세월이 유수와 같이 흘러갔지만
아버지께서 부르셨던 노래가
지금도 귓전에 들려 오는 듯하여
보고 싶고 그리운 아버지 생각에 눈시울을 적십니다
―「아버지의 노래 한 소절」 전문

유년의 화자는 '막걸리 한잔' 드시고 '노래 한 소절' 부르시던 아버지의 모습을 또렷이 기억하고 있다. 하지만 이제 아버지만큼의 세월을 살아온 시인은 더 이상 유년의 눈으로만 아버지를 바라보지 못한다. 시인은 유년의 기억 속에 저장된 아버지의 모습에 '세월의 시름', '힘들게 살아오셨을 애환들'을 덧칠하면서 그때의 아버지 모습을 재구성한다. 기억 속에 너무나 생생하게 살아 있는 아버지의 모습은 아버지가 부재한 현실 속에서 살아가는 시인의 가슴을 더욱 먹먹하게 만들고, 여전한 아버지의 노랫소리에 결국 '눈시울'을 적시고 만다.

머리에 수건을 쓰시고

흰 저고리 검정 치마
광목 앞치마 길게 두르시고 사셨던
가슴에 사무치게 그리운 나의 어머니
오늘은 어머니가 너무나도 그리워지고 보고 싶습니다
길을 걸어가다가 어머니를 닮으신 분을 보면
이 딸은 어머니 생각에 눈물을 삼킵니다

어머니 살아생전에
화장 한 번 제대로 해 보지 못하시고
동동구루무와 동백기름 하나로 화장을 하시며
깊게 파인 이마의 주름을
훈장처럼 달고 사셨던
안쓰러우셨던 어머니께서는
손 마디마디마다
한숨과 눈물이 깊숙이 고여
열 손가락이 관절이라는 고통스러운 병 하나
안고 사신 불쌍하셨던 나의 어머니

눈물로 가슴에 붉은 사랑 꽃을
피우시며 고독하신
통한의 세월을 사시면서
자식들 걱정에 생 손가락이 아파서

곪아버린 고통과 같은 마음으로
자나 깨나 한평생 자식 걱정에
세월을 보내셨던 어머니

이 여식은 나이가 들어갈수록
어머니 생각이 많이 납니다
가슴안에 새겨진 어머니
어머니라는 세 글자는 이 딸의 마음에
가슴을 아리게 하는 그리움으로 남았습니다
　　　　　　　　－「가슴 안에 새겨진 어머니」 전문

　어머니는 누구에게나 '구원'의 다른 이름이며, 유일하게 생자필멸의 순리를 거스르는 '불멸의 존재'이다. 유년은 고통 속에 살아가는 어머니의 모습을 받아들이는 일에도 왕성해서, 시인은 어머니를 떠올릴 때마다 늘 안쓰럽고 불쌍하다. '길을 걸어가다가 어머니를 닮으신 분을 보면' 눈물을 삼킨다. 기억 속 어머니는 '머리에 수건을 쓰시고/ 흰 저고리 검정치마'를 입고 있다. '동동 구루무와 동백기름 하나로/ 깊게 파인 이마에 주름을 훈장처럼 달고 사셨던' 어머니, '손 마디 마디마다/ 한숨과 눈물이 깊숙이 고여' 있는 어머니다. 시 속에 형상화된 시인은 어머니는 자연스럽게 우리들의 어머니를 소환하고, 우리는 자식의 마음으로 시인의 마음을 읽는다. 시인과 함께, 이제는 가닿을 수 없는 그리움의 거리를 시를 통해 건너게 되는 것이다.

 박안심 시인은 '사계절이라는 인생 여행'(「사계절의 인생 여행」 중에서) 중이다. 혼자 걸어온 인생을 귓속말로 속삭이고 싶어하는 시인의 사연들을 들으면 한 해를 모두 관통해 버린 느낌이다. 시는 가슴에 품는 것이라는 시인의 말처럼, 시인의 가슴은 늘 시에 대한 사랑으로 충만하다. 계절에 스며들어 계절을 그려 보이고, 생의 기억 곳곳에 숨어들어 축축이 젖은 그리움들을 흘려보내 준 시인의 노력에 감사드린다.

아름다운 부부의 여행길,
'11월의 장미'로 피어난 시詩
– 문쾌식 · 김난영 시집, 『11월의 장미』

예전에는 주례사에 단골로 등장하던 멘트가 있었다. 주례가 '검은 머리가 파뿌리 될 때까지 한 사람만을 사랑하겠습니까?' 하고 물으면, 신랑신부 모두 '네!' 하고 우렁차게 대답하던 시절. 각기 다른 사람으로 태어난 두 사람이 부부가 되어 함께 평생을 살아간다는 것은 특별한 인연임에 틀림없다. 하지만, 결혼에 대한 인식이 달라지면서, 친숙했던 멘트 또한 추억 속으로 사라지고 말았다. 그럼에도 불구하고 이 시집 속엔 함께 시를 나누며 평생 삶의 동반자가 되어 살아가는 부부가 있다. 서로의 눈앞에 11월의 장미로 서서 영원히 사라지지 않을 것 같은 향기를 나누는 부부. 문쾌식 시인과 김난영 시인이 바로 그들이다.

미쳤다
제정신으로 꽃을 피운 것이냐

때를 잊은 변종이 아니고서야
11월의 찬바람에 어찌 홍조를 띤 것이냐
옷깃을 여미는 나그네의
종종걸음을 멈추게 한 것은 놀랍다만
어찌 지금 피었느냐고 탄식하게 만든
네가 밉다, 마음 혼란스럽게 만드는 네가 밉다
시대를 읽지 못하는 변종이라는 말은
나 하나로 족한데
너는 천진한 것이냐, 바보인 것이냐

뚫어지게 쳐다보았다
누군가 뚫어지도록 쳐다보면
하던 짓도 멈칫하는데
고개 수그리지도 않고 겨울의 홍일점인 양
빛을 내고 있다
정작 슬퍼해야 할 너인데
왜, 내 눈에 눈물이 맺히는지
너는 알고 있니?

― 문쾌식, 「11월의 장미」 전문

두 사람은 사건도 한 몸처럼 겪는다. 사건은 바로, 장미가 때늦은 11월에 핀 것. 11월의 장미를 보자마자 시인은 '미쳤다'며 탄성부터 지른다. 겨울의 입구에서 '찬바람'에 '홍조'를 띤 장미를 보고 시인은 잠시 혼란스러워하다가 다시 한번 '뚫어지게' 장미를 응시한다. 고개를 수그릴 줄도 모르는 당당한 '빛' 앞에서 시인은 이상하게도 눈에 눈물이 맺힘을 느낀다. 그 이유를 '11월의 장기'는 알고 있을까? 부부인 두 사람은 모두 시대의 변종이다. 가을도 훌쩍 지나 버린 11월, 시인은 자신을 닮은 겨울 '장미'를 바라보며 멈춰서 있다. 이 멈춤은, 탄식이 아닌 경이로움에 의한 멈춤이다. 11월에도 장미를 닮은 아름다움들이 존재한다는 인식이 '종종걸음'을 멈추게 한 것이다. 11월은, 시대의 변종이기에 푸르름을 고집하는 시인이 잠시 멈추어 선 시간이면서 동시에, 계절과 상관없이 붉은 꽃잎을 피워낼 줄 아는 시인의 아름다운 아내가 함께 머무는 시간이다.

    초겨울 찬바람에 가슴이 시린 날
    탈색된 이파리조차 하나도 남겨지지 않은
    앙상히 마른 나뭇가지 끝에 붉은 장미꽃이 피었다

    다시 오지 않을 푸르던 날에 대한 그리움일까
    아직 살아 있음을 알리려는 몸부림일까
    저 깊은 땅속 깊이 박힌 뿌리 끝에서
    온 진액을 끌어올려 한 송이 붉은 꽃을 피웠다

인생의 초겨울에 서 있는 나는
무슨 꽃을 피울 수 있을까
열정의 붉은 장미꽃이 아니어도 좋다
향기로운 백합이 아니어도 좋다
그저 내가 살아 있음을 느낄 수 있는
시린 가슴 따뜻하게 품을 수 있는
한 송이 작은 들꽃으로 피어나고 싶다
　　　　　　　　- 김난영, 「11월의 장미」 전문

 이번에는 한 남자의 아내로 살아온 시인 앞에 '11월의 장미' 사건이 펼쳐진다. 시인의 심안心眼은 '장미꽃'의 아름다움보다 그 안에 숨 가쁘게 펄떡이던 세월에 가닿는다. '이파리조차 하나도 남겨지지 않은' '마른 나뭇가지'에서, '푸르던 날에 대한 그리움'과 '온 진액'을 끌어올려 여전히 생을 증명하고 있는 장미의 '몸부림'을 마주한 것이다. 11월의 장미를 보며 시인 또한 새로운 시작을 꿈꾸며, 스스로 '살아있음'을 느끼기를 소망한다. 언젠가 시린 가슴으로 살아보았을 시인은 또 다른 누군가의 '시린 가슴'을 따뜻하게 품을 수 있기를 바란다. 그러므로 '한 송이 작은 들꽃으로 피어나고 싶다'는 시인의 말은 '인생의 초겨울'에 서 있는 자신에 대한 다짐이기도 하지만, 아픈 것들을 자신의 품속에 끌어안겠다는 뜨거운 사랑의 선언이기도 한 것이다.

저물어가는 구월의 한낮
스산한 바람에도 빨간 벼슬이 빛나는
수탉들이 화단에 붉은 피를 뿌리고 있다
압도당한 가슴이 그 피를 마신다
나는 투계가 되어 헐떡거린다
번번이 처박히는 일상의 정점을 찍으러
다시 날아오른다
가을의 꽃장수가 행복하게 웃는다
점점 가열되는 마음에
계속 피를 뿌려줘

— 문쾌식, 「맨드라미」 전문

문쾌식 시인은 장미뿐만 아니라 다양한 꽃과 화초 등을 소재로 삼아 많은 시를 써냈다. 「금낭화」, 「벵갈고무나무」, 「벚꽃 의장대」, 「달맞이꽃」, 「범꼬리꽃」 등이 그러한데, 이렇게 식물에 특별한 애착을 갖고 시로 표현해 내는 일은 주변에 대한 섬세한 관찰이 전제되어 있지 않으면 어려운 일이다.

'맨드라미'는 '붉은 피'를 뿌리는 '수탉'들의 이미지로 변주된다. 대낮의 수탉들이 화단에 뿌려놓는 붉은 피는 시인을 '투계'로 변화시키는데, 상상력에 의한 이러한 시적 변용은 시에 의미를 더하면서 강한 힘으로 작용한다. 그런 점에서 이 시 속의 '맨드라미'는 단지 심미적인 차원에 머무르는 대상이 아니다. 시상이 '붉은 피'

를 마시고 태어난 '투계'에 이르면, '일상의 정점을 찍으러 / 다시 날아오르'는 상승의 이미지와 연결되고 그로부터 고통과 시련으로 점철되었던 '피'는 다시 '점점 가열되는 마음'에 뿌리는 생의 원동력으로 작용하게 되는 것이다. 이 시 속에서 붉은 핏빛의 맨드라미와 그 위를 펄떡이며 날아오르는 낮닭의 이미지가 겹쳐 보이는 것 또한 그런 이유다.

> 진작 카멜레온이 되어야 했는데
> 중년이 넘어 카멜레온이 된 남자가 있다
> 시계 하나도 자기 색깔 있는 것을
> 볼펜 하나도 개성 있는 것을 찾는다
> 자기를 재미있게 소개할 쇼맨이 되고 싶어 한다
> 오래전부터 자기 모습을 부끄럽게 생각했지만
> 카멜레온의 남자는 아니었다
> 여전히 남의 평가를 슬퍼하고
> 별것 아닌 비난에 계속 가슴 아파하는
> 갇힌 카멜레온이었다
> 조금이라도 변한 것이 있다면
> 사랑받도록 맞추며 산다는 거
> 색깔을 뽐낼 수 없는 카멜레온은 카멜레온이 아닌 것
> 카멜레온은 변장을 하지 않는다
> 환경의 색 따라가 아닌 기온과 기분에 따라

몸 색깔을 바꾸는 것
초록색으로 태어났거나 초록색 기분이면 숲에
갈색으로 태어났거나 갈색 기분이면
낙엽층에 있으면 된다
남들에 나를 맞출 필요는 없는 거
내 색깔간 진하게 보여주면 되는 거
있는 그대로의 나로 있을 수 있는 곳에
내가 있으면 되는 거

나만의 색깔이 바닥을 치기 전
카멜레온답게 살자

― 문쾌식, 「카멜레온 예찬」 전문

이 시에는 '카멜레온이 된 남자'가 나온다. '시계' 하나도 '볼펜' 하나도 자기 색깔에 맞는 것을 찾는 이 남자는, 그러나 얼마 전까지만 해도 '평가'와 '비난'에 가슴 아파하는 '갇힌 카멜레온'이었다. '갇힌 카멜레온'은 타인의 프레임에 맞추기 위해 색을 바꾸는 존재이기 때문에 타인의 시선 속에 갇혀 살 수밖에 없다. 시인은 그것이 '색깔'을 뽐낼 수 없는 '변장'에 불과하다는 것, 그래서 그런 모습으로는 진정한 카멜레온이 될 수 없다는 인식에 다다르고 결국 '나 색깔만 진하게 보여주면 되는' 진정한 나로 거듭나게 된다. 카멜레온의 가장 큰 특징은 시시때때로 변화하는 몸의 색깔이다. 카멜레온은 주변에 맞추어 자신의 색을 변화시키는 존재이기도 하지만, 감정을 표현하거나 의사소통을 위해서도 색을 바꾸는 동물로 알려져 있다. 주체를 잃어버린 카멜레온은 변화가 아니라 변장인 것. 이제 시인은 나와 타자, 내부와 외부의 조화 속에서 적절하게 색을 바꿀 수 있는 생의 기술을 터득한 것처럼 보인다. 누구에게나 잘 어울리는 색, 그러면서도 그 누구보다 나에게 가장 잘 어울리는 색을 비로소 찾은 듯이.

가슴에 가시가 박혔다
몸부림칠수록 더 깊이 파고든다
부드러운 비단길을 걷고 싶었는데
하나둘씩 고개를 쳐들던 가시들이
어느새 내 삶의 점령군이 되고
나는 그 포로가 되었다
아프다

가슴에 박힌 가시를 빼려다 문득 거울을 보았다
온몸에 가시를 돋우고 피를 철철 흘리는
한 마리 고슴도치가 나를 보고 있다
낯설다
순간 심장이 멎고
차가운 땀이 등줄기를 타고 흐른다

나는 어디로 간 걸까
심장이 울컥하며 뜨거운 눈물을 토해낸다
나만 아픈 줄 알았는데, 그런 줄 알았는데
이제야 알았다 그게 아니었음을
나로 인해 아팠을 수많은 눈물들이
내 볼을 타고 흐른다

— 김난영, 「상처」 전문

    자신을 카멜레온으로 인식한 문쾌식 시인과 달리, 김난영 시인은 한 마리 고슴도치가 되어 거울 앞에 서 있다. '가시'는 깊이 박히고, 깊이 박힌 가시는 '몸부림칠수록 더 깊이' 파고든다. 가시들의 '포로'가 된 시인은 거울 속에서 '피를 철철 흘리는' 한 마리의 '고슴도치'를 만난다. 낯선 자신을 마주한 시인은 '심장이 멎고', '차가운 땀'이 흐르는데, 등줄기를 타고 흐르는 이 땀은 단순히 자신의 처지와 아픔에 기인한 것이 아니다. 거울을 통해 시인은 자신을 향해 돋아난 가시가 결국에는 타인을 향해 날 서 있음을 발견하고 자신이 입은 상처가 고스란히 타인의 가슴에 박히는 가시가 됨을 깨닫는다. 우리들은 매일 알게 모르게 많은 상처를 입고, 아물지도 않은 상처를 품은 채 매일을 살아내지만 상처의 근원에 대해서 인식하는 이는 드물다. 시인의 시 쓰기는 상처 가득한 자신을 들여다보는 일이면서, 타인에게 상처가 된 자신의 가시에 대한 깊은 성

찰이기도 했을 것이다. 화자의 볼을 타고 흐르는 '수많은 눈물들'
이 더욱 뜨겁게 느껴지는 이유다.

예전엔 미처 몰랐습니다
당연한 것이라고 여겼던 그 모든 것들이
당연한 것이 아니었음을
새벽마다 연탄 아궁이 위에서 올라오던
구수한 밥 냄새에
얼마나 무거운 당신의 눈꺼풀이 실려 있었는지를

예전엔 미처 몰랐습니다
당신도 엄마이기 이전에 아내이기 이전에
한 사람의 여인이었음을
언제나 당차고 야무졌던 당신의 그림자 뒤로
얼마나 많은 눈물의 강이 흐르고 있었는지를

수화기 너머로 당신의 그리움이 달려오네요
에미야 잘 지내지, 아프지 마라
아직도 다 하지 못한 그 사랑에
말문이 막혔습니다

석양은 한낮의 치열했던 삶을

붉은 장밋빛 아름다움으로 불태우는데
살아내야만 했던 그 인고의 시간들
한 송이 백합의 향기로 남으소서
        – 김난영, 「예전엔 미처 몰랐습니다」 전문

우리는 우리도 모르게 어느 순간부터 어른이 되었다. 그리고 어른이 된 우리 중 대부분은 눈에 넣어도 아프지 않은 자식들을 낳고, 부모라는 이름으로 또 다른 생을 살아간다. 어렸을 땐 제비 새끼들처럼 밥상에 가득 둘러앉아 허기진 배를 채우면서도, 무거운 어머니의 '눈꺼풀'은 읽지 못했다. 한때 '한 사람의 여인'이었을 어머니. 이제 우리는 어머니라는 이름만 들어도 세월의 마디마다 맺혀있는 어머니의 고단한 생을 읽어낼 수 있다. 어머니가 변함없는 자식 걱정으로 전화 한 통을 넣으신다. '에미야 잘 지내지, 아프지 마라' 하시며. 이 시에서 어머니를 '강'에 비유한 이유는 생의 끝을 향해 속절없이 흘러가면서도 여전히 끝을 모르고 달려드는 어머니의 사랑 때문일 것이다. 변치 않는 어머니의 사랑은 늘 고결하고, 그 고결한 사랑이 '한 송이 백합의 향기'로 남기를 화자는 소망해 보는 것이다.

젊었을 때는 당신 앞모습 보는 것만 좋았지
늘그막에 옆모습이 좋아지는 건 뭔 일?
앞만 볼 때는 옆모습도 뒷모습도 볼 수 없잖아

당신의 반쪽만 알다가 부부된 지 35년 만에
첫눈 펑펑 쏟아지는 날 나란히 걸으며
슬쩍슬쩍 곁눈질하는데
옆모습이 그렇게 아름다운 거야
쳐다보는 내내 옆구리가 시큰거리잖아

당신의 앞모습과 뒷모습이
그렇게 반반씩 들어앉은 것을 보려면
옆모습을 자주 봐야겠는 걸

당신하고 나하고는
앞모습만 바라보며 살지 말자
외로워져 보듬어 주고 싶을 때
옆모습을 단 하루라도 오랫동안 바라보자
그래도 아쉬우면
사흘 나흘이라도 바라보자

— 문태식, 「당신 옆모습이 좋아」 전문

  서정주 시인은 아내에 대해서 '천국이나 극락에 가더라도/ 그녀와 함께 가 볼 생각'이라고 했다.(서정주, 「내 늙은 아내」, 1997.) 사랑으로 시작되었을 문쾌식 시인과 김난영 시인의 이번 부부 시집 속에도 뜨거운 사랑의 감정이 원숙한 빛깔로 물들어 있다. 삼십

년 넘는 세월을 함께한 남편은 이제 아내의 '앞모습'만을 보지 않는다. 그러면서 이제는 '앞모습'과 '뒷모습'을 함께 볼 수 있는 당신의 '옆모습'을 사랑하게 되었다고 나직하게 고백한다. 첫인상을 좌우하는 '옆모습'. 아마 남편은 첫눈에 아내에게 반했을지도 모른다. 아내의 '뒷모습'에는 오랜 세월 지고 온 아내의 숱한 이야기들이 묻어 있다. 남편은 가끔씩 아내의 등을 쓸며 아내의 슬픔을 어루만지기도 했을 것이다. 그가 사랑한다는 아내의 '옆모습'이란 아내의 온전한 전체를 지시하는 대유이면서, 처음과 끝, 시인의 표현에 따르면 '알파'와 '오메가'(「결혼 36주년 기념일에」) 전체를 아우르는 완전한 사랑의 다른 이름이다.

여행길 끝자락에
마중 나와 줄이 있다면
이 얼마나 큰 기쁨인가

깜깜한 골목길 어귀에
작은 불빛 하나 비추어주는 이 있다면
이 얼마나 큰 위안인가

서툴고 어색한 인생길
손잡고 함께 걸어갈 수 있는 벗이 있다면
이 얼마나 큰 행복인가

나, 그대에게

그대, 나에게

— 김난영, 「동행」 전문

   인생은 누구에게나 '서툴고 어색'한 '여행길'이다. 시인은 늘 나의 발길 앞에 '마중' 나와 있는 사람이 있다면, 깜깜한 골목길을 비추어주는 '작은 불빛' 하나 있다면, 얼마나 큰 '기쁨'이고 '위안'이겠느냐고 우리에게 묻는다. 지금 당신은 누구와 함께 여행 중인가?

   이 시집을 읽는 것은 두 시인이 '손잡고 함께' 걸어간 발자취를 따라 걸어보는 일이다. 시詩로 물든 그들의 여행길을 함께 걷다 보면 잊고 있던 내 자신의 모습도 만날 수 있을 것이다.

생生을 통해 얻은, '철학적 달관達觀'
― 황정환 시집, 『인생 별거 없더라』

대학에서 시 창작 강의를 들으며 매주 한 권씩 시집을 사 읽던 젊은 시절. 그때 나에게 시詩란 감히 범접할 수 없는 그 어떤 '위대함'이었다. 그런데 뒤늦게 시인이 되어 시를 쓰는 일을 업으로 삼다 보니 시뿐만 아니라 시의 뒤편에 숨어 있는 시인이라는 존재에 대해서도 자연스럽게 관심을 가지게 되었다. 시 한 편을 쓰기 위해 며칠 밤을 꼬박 새우는 시인이 있는가 하면, 시 한 편을 들고 다니며 수년의 세월을 두고 퇴고하는 시인들도 있다. 그들의 모습을 지켜보고 있으면, 시가 시인이라는 존재로부터 잉태되고 그로부터 탄생한다는 자명한 사실을 새삼스럽게 떠올리지 않을 수 없다.

삶에 쫓기듯 살다 보면 한동안 시라는 것과 원치 않게 별거를 하게 되는 경우가 있다. 시로 등단했지만 끝내 시집 한 권 내지 못하고 사라지는 이름들, 제 뜻과 무관하게 시와 결별하고 전혀 다른 삶 속으로 뛰어든 이름들을 생각하면 마음이 아파 온다. 그럼에도 불구하고 여전히 한 편의 시를 짓기 위해 살아가는 시인들이 우리 곁에 있다. 그것이 다름 아닌 시가 '위대한' 이유이다.

　황정환 시인은 시를 통해 생의 순간들을 기록하고 그를 통해 자신의 존재를 스스로 증명한다. 그런 점에서 그의 첫 시집 『인생 별거 없더라』에 실려 있는 각각의 시편들은 그가 걸어온 삶의 과정이자 그가 지금껏 살아낸 생의 증언이다. 별일 아니라는 듯 툭툭 내뱉는 시인의 육성에는 생을 통해 얻은 그의 철학적 달관達觀이 묻어 있다.

　　내가 살아 있음에
　　오늘도 걸어간다

　　한 걸음 한 걸음
　　걸어가는 이 길이
　　매일 가는 길일지라도

　　나는 지금
　　살아 있고
　　이 길을 걸어가고 있다

　　내가 가 보고 싶은 곳
　　두 발 다 성하니

어디든 갈 수가 있다

나는 살아 있음에
오늘도 걸어간다
마음은 벌써 거기에 가 있다

－「살아 있음에」 전문

'길'이 삶의 과정을 뜻하는 것이라면, 우리는 예외 없이 마지막 순간까지 길을 걸어가야 하는 존재이다. 잘못 든 길은 되돌아가면 그만이지만 삶의 '길'은 되돌릴 수 없기에 우리는 매일같이 후회하고 자책한다. 되돌아갈 수도, 그렇다고 끝낼 수도 없는 길 위에서 우리는 오늘도 방황하고 고뇌한다. 타성에 젖어 살아갈 때 '길'은 때로 우리를 수동적인 존재로 만든다. '길'에 이끌려 옮기는 발걸음에 활기찬 생의 리듬이 실릴 리 없다. 그래서 시인이 선택한 방법은 길에 이끌리지 않고, '마음' 가는 대로 걸어가는 것이다. '걷는 것'만큼 살아있음을 생생하게 느끼는 방법은 없다. 시인의 모습에서 우리가 주목해야 할 것은 단지 '성한 두 발'로, '가보고 싶은 곳'을 향해, '한 걸음 한 걸음' 내딛는, 시인의 힘찬 발길에 있다. 이미 '거기'에 가 있는 마음을 따라 성큼성큼 내딛는 시인의 발길은 스스로 길이 되어 흐르고, 스스로 선택한 하루를 딛는 시인의 발걸음에는 행복한 리듬이 붙는다.

차가운 바람에
얼굴에 솜털들이
기지개를 켠다

하늘엔 별똥별들이
총총하게 박혀있고
동그란 달님이
뽀얀 속살을 드러낸다

공허함과
그리움이 교차한다
아파트 베란다 꽃들이 낙화한다
어찌 이리도 짧은가 싶고 슬프다

꽃이기에
화려함에 극치를 이뤘고
마음에 상처로 얼룩진 나에게
희망과 기쁨을 치유해주었기에
수고했다는 말로 대신한다

슬픔이 있으면
기쁨이 있듯이

꽃잎이 지나간 자리에
허무하고 외로운 자리를
무엇으로 채워야 하나

　　　　　－「꽃잎이 지나간 자리」 전문

　유한성이라는 한계를 내재한 인간에게 삶은 가끔 일으켜 세울 수 없도록 무거운 고통을 주기도 한다. 그 앞에서는 시도 사람도 낙천적일 수 없다. 중요한 것은 이 '무릎이 꺾이는 고통'을 받아들이는 시인의 자세이며 그를 통해 진실하게 전달되는 시의 음성이다.
　'꽃잎'은 찬란했던 한때를 지나고 있다. 시간의 힘은 눈부신 모든 순간을 '그리움'으로 만드는 데 있다. 꽃잎이 지나간 자리 위에는 '동그란 달님'이 기억으로부터 멀어진 누군가의 얼굴이 되어 떠 있다. 젊음을 지나친 세월은 공허하고, 뒤돌아보는 시절은 그리움으로 벅차오른다. 시인은 '낙화'를 보며, 아름다운 순간은 '어찌 이리도' 짧고 슬픈 것이냐고 생에게 묻는다. 그러면서도 시인은 젊음의 뒤안길에서 발견한 '허무'의 자리를 억지로 채우려 들지 않는다. 한때 화려함의 '극치'를 이루었던 젊음. '희망'과 '기쁨'이 되어 준 그 시절에게 시인은 '수고했다'는 말 한마디를 전할 뿐이다.

구름이 하늘 위에 덩실덩실
햇빛 사이로 새털구름 하나가

딸내미 인사에 춤을 춘다
큰사위 인사 한마디에
아버지 나무가 흔들어준다
큰절하고 일어서니
아쉬움에 쉽게 놔주질 않네
큰애야 네 어미는
어디 안 아픈 거지
잘 있는 거지
듣고 싶은 이야기가 남아 있는 것 같다
내려가는 발걸음이 오늘따라 무겁게 느껴진다
─「아버지」전문

  우리는 부모라는 울타리 안에서 태어나고 성장하지만, 어른이 되면 또 다른 누군가와 만나 또 하나의 가정을 꾸려야 한다. 새로운 가정을 이룬다는 것은 지극히 아름답고 당연한 순리이지만, 그렇게 새로운 가정을 꾸려내는 동안 부모의 시간은 속절없이 흐른다.

  오랜만에 '큰딸'을 만난 '아버지'의 반가움, 그리고 그런 아버지를 홀로 두고 또다시 떠나야 하는 딸의 애틋한 마음이 교차되는 이 시에는, 부모와 자식 사이를 관통하는 아픈 시간의 흔적이 묻어 있다. 큰딸과 큰사위의 절을 받으며 '나무'처럼 커다란 그늘을 흔드는 아버지는 오랜만에 행복하고, 오랜만에 찾아온 행복감으로 덩실덩실 춤을 추는 '구름'으로 날아오른다. 하지만, 부모와 자식의 사이는 오랫동안 각자의 생을 살아온 시간들로 메워져 있다. 아버지도 딸도 이제 다시 헤어져야 한다는 것을 안다. 아쉬운 마음에 딸을 붙잡고 떨어져 살고 있는 아내의 안부를 묻는 아버지. 더 '듣고 싶은 이야기'가 남아 있다는 것을 알면서도 큰딸은 또다시 발길을 돌릴 수밖에 없다. 돌아가는 발걸음이 오늘따라 더 '무겁게' 느껴진다는 딸의 독백은 아버지에 대한 연민과 애틋함으로부터 붇겨져 나온 것이다. 떠나는 큰딸을 바라보는 아버지는 딸이 사라질 때까지 손을 흔들며 서 있었으리라. 마침내 딸이 시야에서 완전히 사라지고 나서야 젖어 든 눈시울을 훔쳤으리라. 우리들의 아버지는 늘 외롭다. 그것을 알기에 이별의 시간은 더 길고 아프다.

삶이 시가 되기 위해서는 우선 '기록'되어야 한다. '삶이 곧 시'라고 말하는 시인들의 공통된 특징은 삶 속에서 끊임없이 시적 동기와 영감靈感을 찾고, 그로부터 삶의 본질을 찾아내려고 하는 필사적 노력에 있다. 촬영을 끝낸 필름이 선경한 한 장의 사진으로 인화되기까지 암실의 어둠을 견뎌야 하듯이 좋은 시를 낳기 위해 시인은 스스로 어두운 배경으로 머물기를 망설이지 않는다.

  썩어 문드러진 몸뚱이
  처질 대로 처진 엉덩이

볼썽사나운 몰골
하루하루 세월만 탓한다
그래도 희망이란 미명 앞에
오늘도 하루 일 찾아
거리를 헤맨다
풀리지 않는 실타래의 끝
매일매일 씨름한다
오늘 하루도 그렇게 흘러간다
쪽박 찬 인생
언제까지 갈까나
신세 한탄에
늘어 가는 건 술 담배
매일같이 반복되는
하루살이의 인생이구나

– 「백수白手」 전문

    황정환 시인의 기록은 단지 개인에 국한되지 않는다. 실업률 2.8%, 실업자가 88만 명인 시대. 썩어 문드러진 '몸뚱이'를 끌고 오늘도 '하루 일'을 찾아 거리를 헤매는 사람들이 있다. 2022년 대한민국은 더 이상 개천에서 용이 나지 않는 사회이다. '쪽박'을 차고 태어난 인생은 여전히 죽을 때까지 '쪽박'을 차고 살아야 한다. 대다수를 패배자로 만드는 승자 독식의 사회에서는 '술'과

'담배'만 늘어갈 뿐이다. 지금 이 순간에도 일자리를 찾아 이곳저곳을 배회하고 있을 실업자들이 떠오른다. 부디 그들이 찾는 희망이 '미명微明'뿐이 아니기를.

    창밖에 휘어진 나무 사이로
    낙엽이 널리고
    길바닥어 이리 차이고 저리 차이고
    똘똘 뭉쳐서 너울너울 춤을 춘다
    초겨울 날씨가 한기가 서려
    온몸의 싸늘함마저 든다
    인고의 세월들 어두운 나날들 답답한 날들이
    겨울이란 계절에 다 묻혀 버린다
    사람에 대한 그리움 감사함 섭섭함
    지난 시흩에 잊혀만 갔고
    하얀 눈이 쌓일 때면
    올해 안 좋았던 일들 나리는 눈가루 속에
    모두 백색 사탕처럼
    녹아 나리는 한 해가 되기를 바란다
    올해가 지나고 내년이 온다면
    또 다른 모습인 내가 서 있지 않을까
                           – 「한 해를 보내며」 전문

삶의 희망을 노래하는 시들이 이 시집에는 가득하다. 「한 해를 보내며」는 소멸을 순리로 받아들이며 새로운 삶을 기약하는 희망의 시이다. 찬바람을 온몸으로 견뎌낸 '나무'는 휘어 있고, '낙엽'은 길바닥에 나뒹군다. 겨울은 사람에 대한 그리움과 감사한 마음, 섭섭한 마음 모두를 불러일으키는 계절이다. 시인은 지난 것들의 앙금이 눈가루 속에 모두 '백색 사탕'처럼 녹아내리기를 바라며, 또 다른 모습으로 서 있을 내년의 '나'를 그려 본다. 자연의 변화를 통해 세월의 흐름을 드러내면서 새로운 삶을 다짐하는 시인의 모습은 소멸과 생성이 반복되는 자연의 순리를 몸소 받아들였기에 가능한 것이다.

가을의 단풍이 식어갑니다
앙상한 가지로 남겠지요
힘없는 가지마저 도둑맞은 다음엔
일 년이란 세월을 맞이하는
고난을 겪고 부활하는 계기가 되겠지요
인간은 세월의 주름이 있지만
식물은 계절 따라 살고 죽는
안타까움의 연속입니다
우리네 인생이 80으로 구분한다면
더없는 고마움 아닌가요
덤으로 사는 세상이죠

크나큰 성덕으로 사는 세상
희로애락을 느끼며 평생을 살아간다는 건
또 하나의 성찰이겠죠
굴곡진 인생길 평탄한 삶이 되시기를

- 「무제」 전문

시인은 가을의 '단풍'을 바라보며, '앙상한 가지'로 남아 있을 겨울을 떠올린다. 시인은 '식물'을 '일 년'이라는 짧은 시간 동안 생과 사를 반복하는 아픈 존재로 바라보면서, 그에 비해 '80'년이라는 긴 수명壽命을 지닌 우리의 삶은 '크나큰 성덕'이 아닐 수 없다고 말한다. '희로애락'을 느끼며 평생을 살아가는 것이 또 하나의 '성찰'이라고 말하는 시인의 목소리는 오랜 세월 굴곡진 삶으로부터 숙성熟成되어 나온 육성肉聲이다.

황정환 시인은 삶이라는 깊고 오래된 우물로부터 길어 올린 맑고 투명한 언어를 통해 시를 짓는 사람이다. 부단히도 삶의 순간을 기록하는 시인의 메모 벽은 우리에게 삶이라는 화두를 던지고 무심無心한 듯 담담하게 우리들의 생을 어루만진다. 그의 철학이 담겨 있는 이 시집은 우리 앞에 생의 본질을 펼쳐 보이는 통찰通察의 결과물이며 지친 우리들의 생을 위로하고 응원하는 우렁찬 찬가讚歌이다. 이 시집이 많은 이들의 손에 전해지기를, 그래서 누군가에게 특별한 의미로 기억되기를 바란다.

울타리 안을 가득 채운,
'현대적現代的 감성感性의 언어들'
― 심재원 시조 시집, 『그대를 보지 못해도 나는 이미 봄이네』

'고전古典', '양반兩班', '풍류風流', '강호江湖', '한정閑情', '안빈낙도安貧樂道', '안분지족安分知足', '물아일체物我一體', '정몽주鄭夢周', '황진이黃眞伊'……. '시조'하면 떠오르는 단어들이다. 고전 문학 시간에 시조에 대한 강의를 하다 보면 "요즘에도 시조를 쓰는 사람이 있어요?"하고 묻는 학생들이 꽤 있다. 시는커녕 소설도 읽지 않는 시대, 사람들은 이제 '시조'하면 '낡고 오래된 것'이나 '옛날 사람들이 쓰던 시'로 생각한다. 이렇듯 '시조'가 대중들로부터 유리遊離된 현실을 단지 시대의 탓으로 돌리기에는 석연치 않은 점이 있다. 여전히 '3장 6구의 형식', '4음보의 음보율과 3·4 또는 4·4조의 음수율'을 가진, '고려 말기부터 발달해온 우리나라 고유의 정형시'라고 '시조'를 소개하는 교과서도 문제이지만 여전히 고시조의 일반적인 내용과 형식에 얽매여, 시대에 맞지 않는 교시적敎示的인 내용의 작품만을 발표하는 시인들에게도 분명 그 책임이 있을 것이다. 다들 휴대전화를 들고 다니며 넷플릭스나 유튜브를 보는 시대, 변하지 않으면 문학 또한 살아남기 어렵다.

　심재원 시인은 내용에서부터 형식에 이르기까지 다양한 변화를 시도함으로써 시조의 변혁을 꿈꾸는 사람이다. 꾸준히 시조를 쓰면서도 이 시대의 대중이 공감할 만한 내용을 찾고, 때로는 생경한 시어와 파격적 형식을 동원하여 앞으로 시조가 나가야 할 방향을 제시한다. 이번 시집『그대를 보지 못해도 나는 이미 돋이네』에도 그의 그러한 노력이 깊이 배어 있다.

　　저기 저 칠흑 속에
　　우두커니 앉은 저것
　　더듬이에 촉수까지
　　감히 뻗어 태연하네
　　잡으려 뻗다 오므린 손
　　두렵고드 짠한 마음

　　헝클어져 똬리를 튼
　　가슴 싸한 원형 벌레
　　치우려 잡는 순간
　　아픔에 전율한다
　　딸아이 불면의 밤이
　　네 탄생의 배경 설화

취준就準의 덫에 걸린
청춘이란 아린 이름
말 못 한 단추 탈모脫毛
아! 그게 그거였나
너의 그 침묵 앞에서
고개 숙인 아버지

- 「털벌레 탄생 설화」 전문

청년 실업률 7.2%, 청년 실업자 32만 명의 시대. 심각한 취업난 속에서 우리의 젊은이들은 지금도 어디선가 좀처럼 끝나지 않는 자신과의 외로운 싸움을 하고 있다. 명문대라는 타이틀이 필수가 된 것은 이미 오래된 일. 최근에는 대학에 입학하자마자 휴학을 하고 해외로 어학연수를 떠나는 것이 기본 코스가 되었다고 한다. 졸업하기 전에 자유로운 영어 회화 실력을 갖추고 전문 분야의 자격증 대여섯 개를 취득해도 취업하기 힘든 것이 요즘 젊은이들의 현실이다. 점점 치열해지는 생존 경쟁으로 내몰린 우리의 자녀들은 설 곳이 없다. 세상에 뛰어들어 보기도 전에 수많은 실패와 좌절을 겪은 젊은이들은 이미 온몸이 멍투성이다.

시인은 칠흑 속에 우두커니 앉아 있는 '털벌레'를 발견한다. '더듬이'에 '촉수'까지 태연히 뻗고 있는 낯선 생명체. 하지만, 벌레를 잡으려고 뻗은 시인의 손은 금세 '두렵고도 짠한 마음'으로 오므라들고, 마침내 벌레를 잡는 순간 시인의 위태롭던 마음은 요동치는 '아픔'에 전율하고 만다.

이 '털벌레'의 정체는 시인이 딸의 머리에서 발견한 딸의 '원형 탈모脫毛'이다. 시인의 '딸'은 매일 '불면의 밤'을 보내야 하는 취업준비생이다. 취업 준비의 덫에 걸린 '청춘'이란 이름의 아픔을 바라볼 수 없는 아버지의 눈빛은 애처롭다. 그저 쓰다듬고 어루만져 주는 것이 할 수 있는 전부인 아버지는 딸의 깊고 오래된 '침묵' 앞에 다만 '고개'를 숙일 뿐이다.

시조가 읽히기 위해서는 이처럼 시조이기 전에 시詩여야 한다. 시인은 정형적인 시조의 틀을 지키면서도 자유롭게 연과 행을 배열하면서 딸을 비롯한 이 시대의 아픈 청춘들에게 절절한 연민의 마음을 전하고 있다.

남들이 눈 : 이라 할 때 나는 눈 \ 으로 들려
눈 : 이 눈 \ 일 수 없을까
길고 짧고 그것뿐인데
눈 : 과 눈 \
시시한 차이에
내 의식만 들쑥날쑥

세상의 이름들은 제 자리가 있다 하네
발 : 이나 발 \ 이거나
제 역할 따로 있다고

왜 그래
마음 가는 대로
그렇게 하면 안 돼?

네 일, 내 길 공유 불가
너는 너, 나는 나라고
어? 해도 아!가 되던 '우리'는 지금 어디
눈 : 이 눈 \
발 : 이 발 \ 인 세상
꿈을 꾼다
아직도 난

[눈 :] – 긴소리로 雪(눈 '설')의 우리말
[눈 \ ] – 짧은소리로 目(눈 '목')의 우리말
[발 :] – 긴소리로 簾(발 '렴')의 우리말
[발 \ ] – 짧은소리로 足(발 '족')의 우리말

— 「아직도 꿈」 전문

  소리의 길이長短는 말의 뜻을 구별해주는 비분절 음운으로 설명되어 왔다. 같은 '눈'이라는 단어도 'ㅜ'라는 모음을 어떻게 발음하느냐에 따라 뜻이 구별된다. '눈'을 길게 발음하면 '눈snow'이라는 뜻의 단어가 되고, '눈'을 짧게 발음하면 '눈eye'이라는 단어가

된다는 것이다. 이러한 소리의 길이로 인한 의미 구별에 대해 시인은 '왜 그래' 하고 묻는다. '마음 가는 대로/ 그렇게 하면 안 돼?' 하고 따진다.

사실 소리의 장단에 따라 단어의 의미를 구별하는 일은 실제 언어생활에서 쉽지 않다. 오히려 그 단어가 들어있는 문맥을 통해 그 의미를 파악하게 되는 경우가 대부분이다. 심재원 시인의 시의 발상이 남다른 이유는 이러한 언어학적인 물음이 언어에 국한되지 않고, 우리가 살고 있는 현실의 문제와 관계 맺게 한다는 데에 있다. 잘 구별도 안 되는 이러한 음률의 차이로 뜻을 규정하고 구별하려는 언어적 관습은 '너는 너', '나는 나'로 경계를 세우는 세상의 모습으로 확장된다. 사람들의 파편화된 의식, 자칫 당연하고 정당해 보이는 개인주의 속에서 시인은 실종된 '우리'의 존재를 묻고 있는 것이다.

'시조'라는 것이 과거 양반들이 지향하던 덕목을 고수하는 장르라는 그릇된 통념을 지닌 사람들이 있다. 하지만, 심재원 시인들의 시들은 시조라는 정형적인 울타리를 넘나들며 현대적 감성을 불러온다. 다양한 삶의 모습과 메시지를 질서정연한 시조의 구조 속에 안정감 있게 구현해 내는 시인의 시 세계는 이어지는 연작시 「아파트 풍경」에서도 뚜렷하게 잘 드러난다.

　　살얼음 디디듯이 깨금발로 벌을 선다

새색시 시댁 가듯
사각대는 발소리
교양인
그 이름으로
발걸음은 주의보

- 「층간소음」 전문

벽으로 벽을 막는
마천루의 회색지대
대문을 마주해도 어느 낯선 이방인
열려라
"알로모호라"
서로 닫은 마음의 문

- 「이웃」 전문

　어느새 우리 대부분의 주거지가 되어버린 아파트라는 공동주택은 우리의 삶의 모습 또한 바꾸어 놓았다. '살얼음을 디디듯이', '새색시 시댁 가듯' 숨죽인 채 살아야 하는 아파트 속의 삶은 늘 '발걸음'에 주의보가 내리고, '벽'과 '벽'으로 쌓아 올린 '마천루', 다 똑같이 생긴 '대문' 앞에서 매일 우리는 서로 '낯선 이방인'이 되어 살아간다. 시인이 충실하게 쌓아 올린 튼튼한 시적 구조물 안에는 이렇듯 현대인의 단절되고 소외된 일상의 모습이 간결하면서도 명징하게 제시되어 있다.

> 머리보다 손이 먼저 비번秘番으로 열리는 집
> 사각의 자판 앞에
> 기억도 가끔씩 오류
> 멍하니
> 아니 가만히 서서
> 여긴 어디, 나는 누구
>
> 　　　　　　　　　　　　　－「비밀번호」전문

시인은 또한 '오류'가 난 '기억'을 더듬으며 습관적으로 비밀번호를 누르는 현대인의 모습을 시의 전면에 불러세우고, 스스로에게 던지는 질문인 듯 '여긴 어디', '나는 누구' 하고 묻는다. 문명의 이기利器 속에서 편리함만을 추구하는 현대인의 마비적 사고와 정체성 상실의 문제를 아무 일도 아닌 것처럼 우리 앞에 꺼내 놓는다.

> 사각의 무대에서
> 경비 외 일인 다역
> "어디선가 누군가의"* 고개 숙인 슈퍼맨
> 당신은
> 계급장 없이

지금도 순찰 중

_「경비 아저씨」 전문

 몇 해 전 아파트 주민의 갑질을 견디지 못하고 스스로 생을 마감한 경비원의 죽음이 있었다. 아파트 지상 주차장에 이중 주차해 놓은 차량을 밀어서 옮기려고 했다가, 차량 주인인 50대 주민에게 폭행을 당한 억울함 때문이었다. 한 온라인 커뮤니티에는 고인故人이 생활했던 열악한 휴게실의 모습을 촬영해 게시하기도 했었다.
 에어컨도 없는 작은 공간에서 연신 부채질을 하다가도, 주민이 나타나면 벌떡 일어나 모자를 벗으며 인사하는 경비 아저씨들은 우리에게 누구보다 가까운 이웃이다. '경비警備'의 사전적 의미는 '도난, 재난, 침략 따위를 염려하여 사고가 나지 않도록 미리 살피고 지키는 일, 또는 그런 임무를 맡은 사람'이지만, 우리 이웃인 경비 아저씨들은 바쁘다. 아파트 주변 청소부터 주차 관리, 심지어 쓰레기 분리수거에도 발 벗고 나서야 하는 '일인 다역'인 것이다. 시인은 아파트 "어디선가 누군가에" 무슨 일이 생기면, 누구보다 먼저 나타나 문제 해결에 앞장서는 경비 아저씨들이 '고개 숙인 슈퍼맨'으로 살아가야만 하는 이 시대, 우리들의 이기심에 경종을 울린다. '계급장'도 없이, 지금도 열심히 아파트 어딘가를 순찰하고 있을 그들. 그들의 허전한 어깨에 달려 있어야 할 '계급장'은 어디에 있을까. 자신만을 향한 무한한 사랑, 인간에 대한 최소한의 예의마저 상실된 지금, 우리에게 삶이란 도대체 무엇일까? '우리'라는 말이 존재하긴 하는 걸까?

하루를 애써 열며
"신발끈— 이 신발끈—"
조여 매는 손길 위로 툭툭 쏟는 욕 아닌 욕
새벽녘
출정出征 길에선
감정이 먼저 간다

묶으면 풀어지고
풀어지면 또 묶는다
"아! 신발끈—"
때 묻은 세상을 향한 소심한 저항
저물녘
귀향歸鄕 길에선
욕도 곱게 발효된다

— 「신발끈 묶는 이유」 전문

시조는 왠지 무겁고 진지해야 할 것처럼 여겨진다. 하지만 앞서 말한 대로 시조는 시조이기 이전에 시詩이다. 그러므로 시조는 위선적僞善的이지 않고 진실眞實하다.
 시인은 대뜸 '신발끈'하고 욕을 한다. 하루를 시작하면서, 풀어진 신발끈을 다시 묶으면서도 '신발끈'하고 욕을 한다. '신발'을 신고 집을 나선 우리들은 다시 집에 돌아와 신발을 벗기 전까지 '신발'에 매여 살아가는 존재이다. 그러므로 이 시에서 '신발끈'은 비단 청소년들이 사용하는 욕설의 은어만은 아니다. '신발끈'은 결국 생계를 잇기 위해 졸라매지 않으면 안 되는, 풀어질 때마다 다시 단단히 묶어야 하는 '목숨줄'이기도 한 것이다. 일터로 나가는 모습을 '출정出征'으로 표현하고, 집으로 돌아오는 모습을 '귀향歸鄕'으로 표현한 것 또한 고되고 거친 삶의 현장에 대한 비극적 인식 때문이다. 그러므로, 누구보다 먼저 일어났다가 검게 발효되어 돌아오는 '신발끈'이라는 욕은, 시인을 대신해 매일 전사戰死해 돌아온 삶의 전우戰友이다. 이러한 욕설의 미학은 우리가 살아가는 현실에 무게를 더하면서 깊은 공감을 이끌어 낸다.

길 나서니
봄이라네
봄과의 동행이네
누군가 보고파서
나선 길이 봄이라니
그대를
보지 못해도
나는 이미 봄이네

— 「봄길 1」 전문

이번 시집 3부에는 '봄길'을 소재로 한 시편들이 다수 실려 있다. 시인은 '봄'을 단순히 순환되는 계절을 의미하는 시어로서가 아니라, 삶에 대한 사유의 도구로써 사용한다. 시인은 봄에 길을 나서는 일이 '봄과의 동행'이라는 생각을 하게 되는데, 그러한 생각은 다시 '누군가'가 보고 싶어 나서는 '길' 또한 '봄길'이라는 인식으로 전환된다. '봄'이라는 계절을 주관적으로 변용變用하면서 시인은 결국 '그대를 보지 못해도' 스스로 '봄'으로 화化할 수 있다는 사유에 도달하게 되는데, 이러한 달관적達觀的 태도 또한 무겁지 않지 읽힌다.

여태까지 '시조'는 대중들이 즐겨 찾는 문학의 장르가 되지 못한 채 단순히 교육이나 연구의 대상으로 머물러 있었다. 어떤 이들은 시조의 전통적 형식을 급변하는 현대 사회에 어울릴 수 없는 시조의 한계로 지적하기도 한다. 하지만 심재원 시인들의 시를 읽고 있으면, 현대시조의 퇴행을 단순히 전통과 결부해 해석하려고 하는 사람들의 태도를 비판하지 않을 수 없다.

심재원 시인의 시조는 디지털 문화가 일상의 깊은 곳까지 침투해 있는 오늘날, 시조가 나아가야 할 방향을 분명히 제시해 준다. 시조는 오래된 전통적 양식임에는 틀림이 없지만, 시인은 늘 깨어있고 매일 새롭게 태어나야 한다. 심재원 시인은 우리를 둘러싼 현재의 세계에 주목하고, 그것들을 스스로의 삶의 문제로 환치하면서 현대적 감각이 넘치는 시조들을 창작해냈다. 이번 시집 『그대를 보지 못해도 나는 이미 봄이네』에는 '그때'의 이야기가 아닌 '지금'의 이야기, '그곳'의 이야기가 아닌 바로 '이곳'의 이야기가 펼쳐져 있다. 심재원 시인이 펼쳐놓은 다채로운 삶의 이야기는 그동안 우리가 기다려 왔던 시조, 이 시대에 꼭 맞게 진화된 '새로운' 시조의 모습으로 많은 독자들에게 다가갈 것이다.

| 에필로그 |

시詩

급류 속에서 엉겁결에 붙잡은 나뭇가지 같은 거라고나 할까?
그치, 운 좋은 거지. 아니면……
디쳐서 사람간 보면 물어뜯는 개의 목줄 같은 거야.
안 답답하냐고? 그렇게라도 시는 악마를 붙잡아 두는 거야.

한마디로 시는, '평화'야
- 신원석 시집, 『힘껏 면발을 흡입하던 너의 입술이 그리울 때』 중에서

　당신이 쓰러진 나무라면 나는 당신을 일으켜 시詩에 기대어 앉혀 볼 생각이다. 절당이 아직 우리의 무릎까지 자라지 않았다면 우리는 여전히 함께 햇살을 갖아야 하니까. 시는 당신의 부르튼 발을 가슴에 끌어안고 눈 감은 채 서 있을 것이다. 까마득한 우주 속을 떠돌던 당신과 내가 '우리'로 만날 수 있는 것은 시의 중력 때문. 시가 팽팽하게 우리의 몸을 휘감고 있는 한 적어도 우린 절망하지 않으리라.

그림과책 평론집

나를 기억하는 건 오직 시詩뿐이어서

초판 1쇄 발행일 _ 2022년 11월 3일

지은이 _ 신원석
펴낸이 _ 손근호

펴낸곳 _ 도서출판 그림과책
출판등록 2003년 5월 12일 제300-2003-87호

03924 서울특별시 마포구 월드컵북로54길 17 821호
　　　(상암동, 사보이시티디엠씨)
　　　도서출판 그림과책
전화 (02)720-9875, 2987 _ 팩스 (02)720-4389
도서출판 그림과책 homepage _ www.sisamundan.co.kr
후원 _ 월간 시사문단(www.sisamundan.co.kr)
E-mail _ munhak@sisamundan.co.kr

ISBN 979-11-90411-76-9(03810)

값 12,000원

이 책의 판권은 지은이와 그림과책에 있습니다.
잘못된 책은 교환해 드립니다.